Niskougljikohidratna Kuharica

Okusi Zdravog Života

Mia Barić

Sažetak

Salata od pačjih prsa 8
Pureća pita 10
Pureća juha 13
Užitak od pečene puretine 15
Ukusan pureći čili 17
Puretina i curry od rajčice 19
Salata od puretine i brusnica 21
Punjena pileća prsa 23
Umak od piletine i senfa 25
Ukusan umak od piletine 27
Ukusna talijanska piletina 29
Tepsija od piletine 31
Paprike punjene piletinom 33
Kremasta piletina 35
Razni pileći paprikaši 37
Krem pileća juha 39
Nevjerojatne pileće palačinke 41
Nevjerojatno jelo od piletine 45
Ukusna piletina s korom 47
Sirova piletina 49
Piletina s narančom 51
Pita od kokoši 53
Piletina umotana u slaninu 56
Tako ukusna pileća krilca 58
Piletina u umaku od vrhnja 60
Prekrasna piletina 62
Ukusan umak od piletine i vrhnja 64
Ukusan pileći stroganoff 66
Ukusan pileći gumbo 68
Mekani pileći bataci 70

Ukusna hrskava piletina	72
Pečena piletina sa paprikom	74
Pržena piletina	76
Pileći calzone	78
Meksička pileća juha	80
Piletina sa špinatom i artičokama	84
Pileće mesne okruglice	86
Ukusno cijelo pile	88
Umak od piletine i mladog luka	90
Gljive punjene piletinom	92
Piletina punjena avokadom	94
Ukusna balzamična piletina	96
Pileća tjestenina	98
Piletina s kikirikijem na žaru	100
Jednostavan pileći paprikaš	102
Gulaš od piletine i povrća	104
Gulaš od kozica	106
Škampi Alfredo	108
Juha sa škampima i snijegom	110
Jednostavno jelo od dagnji	112
Jednostavni prženi lignji i ukusan umak	114
Pečene lignje i kozice	116
Salata od hobotnice	118
Juha od dagnji	120
Ukusni iverak i kozice	122
Salata od kozica	126
Ukusne kamenice	128
Nevjerojatne rolice od lososa	130
Ražnjići od lososa	132
Škampi na žaru	134
Salata od liganja	136
Salata od bakalara	138
Salata sa sardinama	140
Talijanski užitak od dagnji	141
Losos glaziran narančom	143
Ukusna tuna i chimichurri umak	145

- Losos i čili umak 147
- irske školjke 149
- Pečene dagnje i pečeno grožđe 151
- Kamenice i Pico de Gallo 153
- Hobotnica na žaru i ukusni guacamole 155
- Užitak od škampa i cvjetače 157
- Losos punjen kozicama 160
- Losos glaziran senfom 162
- Nevjerojatno jelo od lososa 164
- Jakobove kapice i umak od komorača 166
- Okus lososa i limuna 168
- Juha od dagnji 170
- Umak od sabljarke i manga 172
- Ukusna zdjela sushija 174

Ketogeni recepti za perad 178
- Pileća krilca i ukusni chutney od mente 181
- Pileće mesne okruglice 183
- Ukusna pileća krilca na žaru 185
- Lako pečena piletina 187
- Posebna talijanska piletina 189
- Lagana piletina s limunom 191
- Pečena piletina i umak od paprike 193
- Fantastičan fajitas s piletinom 195
- Pan piletina i gljive 197
- Tapenada s piletinom i maslinama 199
- Ukusna pačja prsa 201
- Pačja prsa s ukusnim povrćem 203
- Ukusno tajlandsko meso 205
- Najbolje mesne okruglice od junetine 207
- Nevjerojatna pečena govedina 209
- Šalice od goveđih tikvica 211
- Bundeva punjena junetinom i rajčicom 215
- Ukusan goveđi čili 217

Salata od pačjih prsa

To je ukusna salata s ukusnim vinaigrette!

Vrijeme pripreme: 10 minuta
Vrijeme kuhanja: 15 minuta
Porcije: 4

Sastojci:

- Uključite 1 žlicu
- 1 ljutika, nasjeckana
- ¼ šalice crvenog octa
- ¼ šalice maslinovog ulja
- ¼ šalice vode
- ¾ šalice malina
- 1 žlica Dijon senfa
- Sol i crni papar po ukusu

Za salatu:

- 10 unci mladog špinata
- 2 srednja pačja prsa, bez kostiju
- 4 unce kozjeg sira, izmrvljenog
- Sol i crni papar po ukusu
- ½ litre malina
- ½ šalice polovica oraha oraha

Upute:
1. U blenderu pomiješajte ljutiku, ocat, vodu, ulje, ¾ šalice malina, senf, sol i papar i dobro izmiješajte.
2. Procijedite, stavite u posudu i ostavite sa strane.
3. Pačja prsa narežite, začinite solju i paprom i stavite s kožom prema dolje u tavu zagrijanu na srednje jakoj temperaturi.
4. Kuhajte 8 minuta, okrenite i kuhajte još 5 minuta.
5. Podijelite špinat na tanjure, pospite kozjim sirom, polovicama pekan oraha i ½ litre malina.
6. Pačja prsa narežite i dodajte malinama.
7. Po vrhu prelijte vinaigrette od malina i poslužite.

Zabavi se!

Prehrana: kalorija 455, masti 40, vlakna 4, ugljikohidrati 6, proteini 18

Pureća pita

To je sjajan način da završite dan!

Vrijeme pripreme: 10 minuta

Vrijeme kuhanja: 40 minuta

Porcije: 6

Sastojci:

- 2 šalice pureće juhe
- 1 šalica purećeg mesa, kuhanog i nasjeckanog
- Sol i crni papar po ukusu
- 1 žličica majčine dušice, nasjeckane
- ½ šalice nasjeckanog kelja
- ½ šalice butternut tikve, oguljene i nasjeckane
- ½ šalice cheddar sira, nasjeckanog
- ¼ žličice paprike
- ¼ žličice češnjaka u prahu
- ¼ žličice ksantanske gume
- Sprej za pečenje

Za tijesto:

- ¼ šalice gheeja
- ¼ žličice ksantanske gume
- 2 šalice bademovog brašna
- Prstohvat soli

- 1 jaje
- ¼ šalice cheddar sira

Upute:

1. Zagrijte lonac juhe na srednje jakoj vatri.
2. Dodajte bundevu i puretinu, promiješajte i kuhajte 10 minuta.
3. Dodajte češnjak u prahu, kelj, majčinu dušicu, papriku, sol, papar i ½ šalice cheddar sira i dobro promiješajte.
4. U posudi pomiješajte ¼ žličice ksantanske gume s ½ šalice temeljca iz lonca, dobro promiješajte i sve dodajte u lonac.
5. Maknite s vatre i za sada ostavite sa strane.
6. U zdjeli pomiješajte brašno s ¼ žličice ksantanske gume i prstohvatom soli te promiješajte.
7. Dodajte ghee, jaje i ¼ šalice cheddar sira i miješajte dok ne dobijete tijesto za kolač.
8. Formirati kuglu i ostaviti za sada u frižideru.
9. Posudu poprskajte sprejom za kuhanje i po dnu rasporedite nadjev za pite.
10. Tijesto staviti na radnu površinu, razvaljati u krug i filovati.
11. Dobro utisnite i zatvorite rubove, stavite u pećnicu na 180 stupnjeva i pecite 35 minuta.
12. Kolač ostaviti da se malo ohladi i poslužiti.

Prehrana: kalorija 320, masti 23, vlakna 8, ugljikohidrati 6, proteini 16

Pureća juha

To je vrlo ugodna i izdašna juha!

Vrijeme pripreme: 10 minuta
Vrijeme kuhanja: 30 minuta
Porcije: 4

Sastojci:

- 3 štapića celera nasjeckana
- 1 žuti luk nasjeckan
- 1 žlica pročišćenog maslaca
- 6 šalica pureće juhe
- Sol i crni papar po ukusu
- ¼ šalice nasjeckanog peršina
- 3 šalice pečene špagete, nasjeckane
- 3 šalice puretine, kuhane i nasjeckane

Upute:

1. Zagrijte lonac gheeja na srednje jakoj vatri, dodajte celer i luk, promiješajte i kuhajte 5 minuta.
2. Dodajte peršin, juhu, puretinu, sol i papar, promiješajte i kuhajte 20 minuta.

3. Dodajte špagete, promiješajte i kuhajte pureću juhu još 10 minuta.
4. Podijelite u zdjelice i poslužite.

Zabavi se!

Prehrana: kalorija 150, masti 4, vlakna 1, ugljikohidrati 3, proteini 10

Užitak od pečene puretine

Probajte uskoro! Možeš ti to drugi put!

Vrijeme pripreme: 10 minuta
Vrijeme kuhanja: 45 minuta
Porcije: 8

Sastojci:

- 4 šalice spiraliziranih tikvica
- 1 razmućeno jaje
- 3 šalice nasjeckanog zelenog povrća
- 3 šalice purećeg mesa, kuhanog i nasjeckanog
- ½ šalice pureće juhe
- ½ šalice krem sira
- 1 žličica začina za perad
- 2 šalice sira cheddar, nasjeckanog
- ½ šalice ribanog parmezana
- Sol i crni papar po ukusu
- ¼ žličice češnjaka u prahu

Upute:

1. Zagrijte tavu s juhom na srednje niskoj temperaturi.

2. Dodajte jaje, vrhnje, parmezan, cheddar sir, sol, papar, začin za perad i češnjak u prahu, promiješajte i pustite da lagano prokuha.
3. Dodajte puretinu i kupus, promiješajte i maknite s vatre.
4. Tagliatelle od tikvica posložite u posudu za pečenje, posolite i popaprite, prekrijte smjesom od puretine i rasporedite.
5. Pokrijte aluminijskom folijom, stavite u pećnicu zagrijanu na 400 stupnjeva F i pecite 35 minuta.
6. Ostavite da se malo ohladi prije posluživanja.

Zabavi se!

Prehrana: kalorija 240, masti 15, vlakna 1, ugljikohidrati 3, proteini 25

Ukusan pureći čili

Ovaj odličan keto obrok savršen je za hladne, kišne dane!

Vrijeme pripreme: 10 minuta
Vrijeme kuhanja: 20 minuta
Porcije: 8

Sastojci:

- 4 šalice purećeg mesa, kuhanog i nasjeckanog
- 2 šalice bundeve, nasjeckane
- 6 šalica pileće juhe
- Sol i crni papar po ukusu
- 1 žlica konzervirane chipotle paprike, nasjeckane
- ½ žličice češnjaka u prahu
- ½ šalice zelene salse
- 1 žličica korijandera, mljevenog
- 2 žličice kima, mljevenog
- ¼ šalice kiselog vrhnja
- 1 žlica korijandera, nasjeckanog

Upute:

1. Zagrijte tavu s juhom na srednje jakoj vatri.
2. Dodajte bundevu, promiješajte i kuhajte 10 minuta.

3. Dodajte puretinu, chipotles, češnjak u prahu, salsa verde, kumin, cilantro, sol i papar, promiješajte i kuhajte 10 minuta.
4. Dodajte kiselo vrhnje, promiješajte, ugasite vatru i podijelite u zdjelice.
5. Po vrhu pospite nasjeckani cilantro i poslužite.

Zabavi se!

Prehrana: kalorija 154, masti 5, vlakna 3, ugljikohidrati 2, proteini 27

Puretina i curry od rajčice

Moći ćete to učiniti u tren oka!

Vrijeme pripreme: 10 minuta
Vrijeme kuhanja: 20 minuta
Porcije: 4

Sastojci:

- 18 unci mljevene puretine
- 3 unce špinata
- 20 unci konzerviranih rajčica, nasjeckanih
- 2 žlice kokosovog ulja
- 2 žlice kokosovog vrhnja
- 2 češnja češnjaka, mljevena
- 2 glavice žutog luka narezane na ploške
- 1 žlica korijandra, mljevenog
- 2 žlice đumbira, naribanog
- 1 žlica kurkume
- 1 žlica kima, mljevenog
- Sol i crni papar po ukusu
- 2 žlice čilija u prahu

Upute:

1. Zagrijte tavu s kokosovim uljem na srednje jakoj vatri, dodajte luk, promiješajte i kuhajte 5 minuta.
2. Dodajte đumbir i češnjak, promiješajte i kuhajte 1 minutu.
3. Dodajte rajčice, sol, papar, korijander, kumin, kurkumu i čili u prahu te promiješajte.
4. Dodajte kokosovo vrhnje, promiješajte i kuhajte 10 minuta.
5. Izmiksajte uronjenom miješalicom i dodajte špinatu i puretini.
6. Pustite da zavrije, kuhajte još 15 minuta i poslužite.

Zabavi se!

Prehrana: kalorija 240, masti 4, vlakna 3, ugljikohidrati 2, proteini 12

Salata od puretine i brusnica

Zdravo je, svježe i jako ukusno! Što čekaš?

Vrijeme pripreme: 10 minuta
Vrijeme kuhanja: 0 minuta
Porcije: 4

Sastojci:

- 4 šalice natrganih listova romaine salate
- 2 šalice purećih prsa, kuhana i narezana na kockice
- 1 naranča oguljena i narezana na komadiće
- 1 crvena jabuka, očišćena od jezgre i narezana na ploške
- 3 žlice nasjeckanih oraha
- 3 kivija, oguljena i narezana
- ¼ šalice brusnica
- 1 šalica umaka od brusnica
- 1 šalica soka od naranče

Upute:

1. U zdjelu za salatu pomiješajte salatu s purećim mesom, režnjevima naranče, komadićima jabuke, brusnicama i orasima te promiješajte.

2. U drugoj zdjeli pomiješajte umak od brusnica i sok od naranče te promiješajte.
3. Prelijte salatom od puretine, promiješajte i poslužite s kivijem na vrhu.

Zabavi se!

Prehrana:kalorija 120, masti 2, vlakna 1, ugljikohidrati 3, proteini 7

Punjena pileća prsa

Zvuči stvarno super, zar ne?

Vrijeme pripreme: 10 minuta
Vrijeme kuhanja: 15 minuta
Porcije: 3

Sastojci:

- 8 unci špinata, kuhanog i nasjeckanog
- 3 pileća prsa
- Sol i crni papar po ukusu
- 4 unce krem sira, mekog
- 3 unce feta sira, izmrvljenog
- 1 režanj češnjaka, samljeven
- 1 žlica kokosovog ulja

Upute:

1. Pomiješajte fetu sa krem sirom, špinatom, soli, paprom i češnjakom u zdjeli i dobro promiješajte.
2. Pileća prsa posložite na radnu površinu, u svakom izrežite džepić, napunite ih smjesom od špinata i začinite solju i paprom po želji.

3. Zagrijte tavu s uljem na srednje jakoj vatri, dodajte punjenu piletinu, pecite 5 minuta sa svake strane, zatim sve stavite u pećnicu zagrijanu na 450 stupnjeva F.
4. Kuhajte 10 minuta, podijelite na tanjure i poslužite.

Zabavi se!

Prehrana: kalorija 290, masti 12, vlakna 2, ugljikohidrati 4, proteini 24

Umak od piletine i senfa

Ovo je nevjerojatna kombinacija sastojaka!

Vrijeme pripreme: 10 minuta
Vrijeme kuhanja: 30 minuta
Porcije: 3

Sastojci:

- 8 trakica slanine, narezanih na ploške
- 1/3 šalice Dijon senfa
- Sol i crni papar po ukusu
- 1 šalica žutog luka, nasjeckanog
- 1 žlica maslinovog ulja
- 1 ½ šalice pileće juhe
- 3 pileća prsa bez kože i kostiju
- ¼ žličice slatke paprike

Upute:

1. U posudi pomiješajte papriku sa senfom, soli i paprom i dobro promiješajte.
2. Namažite ga na pileća prsa i umasirajte.

3. Zagrijte tavu na srednje jakoj vatri, dodajte slaninu, promiješajte, kuhajte dok ne porumeni i prebacite na tanjur.
4. Zagrijte istu tavu s uljem na srednje jakoj vatri, dodajte pileća prsa, pržite ih 2 minute sa svake strane i također ih prebacite na tanjur.
5. Još jednom zagrijte tavu na srednje jakoj vatri, dodajte juhu, promiješajte i pustite da zavrije.
6. Dodajte slaninu i luk, posolite i popaprite te promiješajte.
7. Vratite piletinu u tavu, lagano promiješajte i kuhajte na laganoj vatri 20 minuta, a na pola pečenja meso okrenite.
8. Podijelite piletinu na tanjure, pokapajte umakom i poslužite.

Zabavi se!

Prehrana:kalorije 223, masti 8, vlakna 1, ugljikohidrati 3, proteini 26

Ukusan umak od piletine

Nemoj oklijevati! Isprobajte ovaj nevjerojatan keto obrok već danas!

Vrijeme pripreme: 10 minuta
Vrijeme za kuhanje: 1 sat i 15 minuta
Porcije: 6

Sastojci:

- 6 pilećih prsa bez kože i kostiju
- 2 šalice konzervirane salse
- Sol i crni papar po ukusu
- 1 šalica cheddar sira, naribanog
- Sprej za kuhanje povrća

Upute:

1. Lim za pečenje namazati uljem, na njega staviti pileća prsa, posoliti i popapriti te preliti umakom.
2. Stavite u pećnicu zagrijanu na 425 stupnjeva F i pecite 1 sat.
3. Pokrijte sirom i kuhajte još 15 minuta.
4. Podijelite na tanjure i poslužite.

Zabavi se!

Prehrana: kalorija 120, masti 2, vlakna 2, ugljikohidrati 6, proteini 10

Ukusna talijanska piletina

Trebali biste što prije razmisliti o ovom keto talijanskom obroku!

Vrijeme pripreme: 10 minuta
Vrijeme kuhanja: 1 sat
Porcije: 6

Sastojci:
- 8 unci gljiva, nasjeckanih
- 1 funta talijanske kobasice, nasjeckane
- 2 žlice ulja avokada
- 6 cherry paprika, nasjeckanih
- 1 crvena paprika, nasjeckana
- 1 glavica crvenog luka, narezana na ploške
- 2 žlice češnjaka, mljevenog
- 2 šalice cherry rajčica, prerezanih na pola
- 4 pileća batka
- Sol i crni papar po ukusu
- ½ šalice pileće juhe
- 1 žlica balzamičnog octa
- 2 žličice sušenog origana
- Za posluživanje malo nasjeckanog peršina

Upute:
1. Zagrijte tavu s pola ulja na srednje jakoj vatri, dodajte kobasice, promiješajte, zapecite ih nekoliko minuta i prebacite na tanjur.
2. Ponovno zagrijte tavu s ostatkom ulja na srednje jakoj vatri, dodajte pileće batake, posolite i popaprite, pržite ih 3 minute sa svake strane i prebacite na tanjur.
3. Zagrijte tavu na srednjoj vatri, dodajte čili, gljive, luk i papar, promiješajte i kuhajte 4 minute.
4. Dodajte češnjak, promiješajte i kuhajte 2 minute.
5. Dodajte juhu, ocat, sol, papar, origano i cherry rajčice te promiješajte.
6. Dodajte komade piletine i kobasice, lagano promiješajte, sve stavite u pećnicu na 200 stupnjeva i pecite 30 minuta.
7. Pospite peršinom, rasporedite na tanjure i poslužite.

Zabavi se!

Prehrana: kalorija 340, masti 33, vlakna 3, ugljikohidrati 4, proteini 20

Tepsija od piletine

Ovo može biti vaš današnji ručak!

Vrijeme pripreme: 10 minuta
Vrijeme kuhanja: 40 minuta
Porcije: 8

Sastojci:

- 1 1/2 funte pilećih prsa bez kostiju i kože, narezanih na kockice
- Sol i crni papar po ukusu
- 1 jaje
- 1 šalica bademovog brašna
- ¼ šalice ribanog parmezana
- ½ žličice češnjaka u prahu
- 1 ½ žličice sušenog peršina
- ½ žličice sušenog bosiljka
- 4 žlice ulja avokada
- 4 šalice špageta, već kuhanih
- 6 unci mozzarelle, naribane
- 1 ½ šalice keto marinara umaka
- Svježi bosiljak, nasjeckan za posluživanje

Upute:
1. U zdjeli pomiješajte bademovo brašno s parma brašnom, soli, paprom, češnjakom u prahu i 1 žličicom peršina te promiješajte.
2. U drugoj zdjeli umutite jaje s prstohvatom soli i papra.
3. Umočite piletinu u jaje, a zatim u smjesu od bademovog brašna.
4. Zagrijte tavu s 3 žlice ulja na srednje jakoj vatri, dodajte piletinu, pržite dok ne porumeni s obje strane i prebacite na papirnate ručnike.
5. U zdjeli pomiješajte špagete sa soli, paprom, suhim bosiljkom, 1 žlicom ulja i ostatkom peršina te promiješajte.
6. Raširite ga u posudu za pečenje, dodajte komade piletine, a zatim marinara umak.
7. Pospite narezanom mozzarellom, stavite u pećnicu zagrijanu na 375 stupnjeva F i pecite 30 minuta.
8. Na kraju pospite svježim bosiljkom, pustite da se lonac malo ohladi, podijelite na tanjure i poslužite.

Zabavi se!

Prehrana: kalorija 300, masti 6, vlakna 3, ugljikohidrati 5, proteini 28

Paprike punjene piletinom

Zaista će oduševiti vaše goste!

Vrijeme pripreme: 10 minuta
Vrijeme kuhanja: 40 minuta
Porcije: 3

Sastojci:

- 2 šalice cvjetova cvjetače
- Sol i crni papar po ukusu
- 1 manja glavica žutog luka nasjeckana
- 2 pileća prsa bez kostiju i kože, kuhana i nasjeckana
- 2 žlice začina za fajitu
- 1 žlica pročišćenog maslaca
- 6 paprika, odrežite vrh i izvadite sjemenke
- 2/3 šalice vode

Upute:

1. Cvjetiće cvjetače stavite u multipraktik, dodajte prstohvat soli i papra, dobro promiješajte i prebacite u zdjelu.
2. Zagrijte tavu s gheejem na srednjoj vatri, dodajte luk, promiješajte i kuhajte 2 minute.

3. Dodajte cvjetaču, promiješajte i kuhajte još 3 minute.
4. Dodajte začine, sol, papar, vodu i piletinu, promiješajte i kuhajte 2 minute.
5. Stavite paprike na obložen lim za pečenje, napunite svaku smjesom od piletine, stavite u pećnicu zagrijanu na 350 stupnjeva F i pecite 30 minuta.
6. Podijelite ih na tanjure i poslužite.

Zabavi se!

Prehrana: kalorija 200, masti 6, vlakna 3, ugljikohidrati 6, proteini 14

Kremasta piletina

Ovo je stvarno kremasto i ukusno jelo od keto piletine!

Vrijeme pripreme: 10 minuta
Vrijeme kuhanja: 1 sat
Porcije: 4

Sastojci:

- 4 pileća prsa bez kože i kostiju
- ½ šalice majoneze
- ½ šalice kiselog vrhnja
- Sol i crni papar po ukusu
- ¾ šalice ribanog parmezana
- Sprej za pečenje
- 8 kriški mozzarelle
- 1 žličica češnjaka u prahu

Upute:

1. Namastite posudu za pečenje, stavite u nju pileća prsa i na svaki komad stavite po 2 kriške mozzarelle.
2. U zdjeli pomiješajte parmu sa soli, paprom, majonezom, češnjakom u prahu i kiselim vrhnjem te dobro promiješajte.

3. Rasporedite ga preko piletine, stavite posudu za pečenje u pećnicu zagrijanu na 375 stupnjeva F i pecite 1 sat.
4. Podijelite na tanjure i poslužite.

Zabavi se!

Prehrana: kalorija 240, masti 4, vlakna 3, ugljikohidrati 6, proteini 20

Razni pileći paprikaši

Ovo stvarno morate učiniti večeras!

Vrijeme pripreme: 10 minuta
Vrijeme kuhanja: 45 minuta
Porcije: 4

Sastojci:

- 3 šalice sira cheddar, nasjeckanog
- 10 unci cvjetova brokule
- 3 pileća prsa, bez kože i kostiju, kuhana i narezana na kockice
- 1 šalica majoneze
- 1 žlica kokosovog ulja, otopljenog
- 1/3 šalice pileće juhe
- Sol i crni papar po ukusu
- Sok od 1 limuna

Upute:

1. Posudu za pečenje namazati uljem i po dnu posložiti komade piletine.
2. Rasporedite cvjetiće brokule, a zatim pola sira.

3. Pomiješajte majonezu s juhom, soli, paprom i limunovim sokom u zdjeli.
4. Prelijte ga preko piletine, pospite preostalim sirom, pokrijte posudu prozirnom folijom i pecite u pećnici na 180°C 30 minuta.
5. Maknite foliju i pecite još 20 minuta.
6. Poslužite vruće.

Zabavi se!

Prehrana: kalorija 250, masti 5, vlakna 4, ugljikohidrati 6, proteini 25

Krem pileća juha

Okus je tako nevjerojatan!

Vrijeme pripreme: 10 minuta
Vrijeme kuhanja: 20 minuta
Porcije: 4

Sastojci:

- 3 žlice pročišćenog maslaca
- 4 unce krem sira
- 2 šalice piletine, kuhane i nasjeckane
- 1/3 šalice crvenog umaka
- 4 šalice pileće juhe
- Sol i crni papar po ukusu
- ½ šalice kiselog vrhnja
- ¼ šalice nasjeckanog celera

Upute:

1. Pomiješajte juhu s crvenim umakom, krem sirom, gheejem, soli, paprom i kiselim vrhnjem u blenderu i dobro promiješajte.
2. Prebacite ga u lonac, zagrijte na srednjoj vatri i dodajte celer i piletinu.

3. Promiješajte, pirjajte nekoliko minuta, podijelite u zdjelice i poslužite.

Zabavi se!

Prehrana: kalorija 400, masti 23, vlakna 5, ugljikohidrati 5, proteini 30

Nevjerojatne pileće palačinke

Ovo je još bolje nego što možete zamisliti!

Vrijeme pripreme: 10 minuta
Vrijeme kuhanja: 30 minuta
Porcije: 8

Sastojci:
- 6 jaja
- 6 unci krem sira
- 1 žličica eritritola
- 1 ½ žlica kokosovog brašna
- 1/3 šalice ribanog parmezana
- Prstohvat ksantan gume
- Sprej za pečenje

Za nadjev:
- 8 unci špinata
- 8 unci gljiva, narezanih
- 8 unci piletine na žaru, nasjeckane
- 8 unci smjese sira
- 2 unce krem sira
- 1 režanj češnjaka, samljeven

- 1 manja glavica žutog luka nasjeckana

Tekućine:

- 2 žlice crvenog vinskog octa
- 2 žlice pročišćenog maslaca
- ½ šalice gustog vrhnja
- 1 žličica Worchestershire umaka
- ¼ šalice pileće juhe
- Prstohvat muškatnog oraščića
- Sjeckani peršin
- Sol i crni papar po ukusu

Upute:
1. U zdjeli pomiješajte 6 unci krem sira s jajima, parmom, eritritolom, ksantan gumom i kokosovim brašnom i dobro promiješajte dok ne dobijete tijesto za palačinke.
2. Zagrijte tavu na srednje jakoj vatri, nakapajte malo ulja, ulijte malo tijesta, ravnomjerno ga rasporedite po tavi, kuhajte 2 minute, okrenite i pecite još 30 sekundi.
3. Ponovite postupak s ostatkom tijesta i posložite sve palačinke na tanjur.
4. Zagrijte tavu s 2 žlice gheeja na srednje jakoj vatri, dodajte luk, promiješajte i kuhajte 2 minute.
5. Dodajte češnjak, promiješajte i kuhajte još 1 minutu.
6. Dodajte gljive, promiješajte i kuhajte 2 minute.
7. Dodajte piletinu, špinat, sol, papar, juhu, ocat, muškatni oraščić, Worcestershire umak, vrhnje, 2 unce krem sira i 6 unci smjese sira, promiješajte da se sjedini i kuhajte još 7 minuta.
8. Ovom smjesom napunite svaku palačinku, zarolajte i stavite u posudu za pečenje.
9. Pokrijte s 2 unce smjese sira, stavite u prethodno zagrijani roštilj na nekoliko minuta.
10. Podijelite palačinke na tanjure, pospite nasjeckanim peršinom i poslužite.

Zabavi se!

Prehrana:kalorija 360, masti 32, vlakna 2, ugljikohidrati 7, proteini 20

Nevjerojatno jelo od piletine

Baš je ukusno! Mi volimo ovo jelo, a voljet ćete i vi!

Vrijeme pripreme: 10 minuta
Vrijeme kuhanja: 50 minuta
Porcije: 4

Sastojci:

- 3 kg pilećih prsa
- 2 unce Muenster sira, narezanog na kockice
- 2 unce krem sira
- 4 unce cheddar sira, narezanog na kockice
- 2 unce provolona, narezanog na kockice
- 1 tikvica, naribana
- Sol i crni papar po ukusu
- 1 žličica češnjaka, mljevenog
- ½ šalice slanine, kuhane i izmrvljene

Upute:

1. Tikvice posolite i popaprite, ostavite nekoliko minuta sa strane, dobro ih ocijedite i prebacite u zdjelu.
2. Dodajte slaninu, češnjak, još soli i papra, krem sir, cheddar, muenster sir i provolone te promiješajte.

3. Pileća prsa narežite na ploške, posolite i popaprite te nadjenite mješavinom tikvica i sira.
4. Složite u obložen pleh, stavite u pećnicu zagrijanu na 400 stupnjeva F i pecite 45 minuta.
5. Podijelite na tanjure i poslužite.

Zabavi se!

Prehrana: kalorija 455, masti 20, vlakna 0, ugljikohidrati 2, proteini 57

Ukusna piletina s korom

Uskoro ćete svima preporučivati ovaj nevjerojatan keto obrok!

Vrijeme pripreme: 10 minuta
Vrijeme kuhanja: 35 minuta
Porcije: 4

Sastojci:

- 4 kriške kuhane i izmrvljene slanine
- 4 pileća prsa bez kože i kostiju
- 1 žlica vode
- ½ šalice ulja avokada
- 1 razmućeno jaje
- Sol i crni papar po ukusu
- 1 šalica Asiago sira, naribanog
- ¼ žličice češnjaka u prahu
- 1 šalica ribanog parmezana

Upute:

1. U zdjeli pomiješajte parmezan s češnjakom, soli i paprom te promiješajte.
2. U drugu zdjelu stavite razmućeno jaje i pomiješajte ga s vodom.

3. Piletinu posolite i popaprite te svaki komad umočite u jaje, a zatim u smjesu sa sirom.
4. Zagrijte tavu s uljem na srednje jako, dodajte pileća prsa, pržite dok ne porumene s obje strane i prebacite u lim za pečenje.
5. Stavite u pećnicu zagrijanu na 350 stupnjeva F i pecite 20 minuta.
6. Piletinu prekrijte slaninom i sirom Asiago, stavite u pećnicu, zapalite roštilj i pecite nekoliko minuta.
7. Poslužite vruće.

Zabavi se!

Prehrana: kalorija 400, masti 22, vlakna 1, ugljikohidrati 1, proteini 47

Sirova piletina

Vaši prijatelji će vas tražiti još!

Vrijeme pripreme: 10 minuta
Vrijeme kuhanja: 30 minuta
Porcije: 4

Sastojci:
- 1 tikvica, nasjeckana
- Sol i crni papar po ukusu
- 1 žličica češnjaka u prahu
- 1 žlica ulja avokada
- 2 pileća prsa bez kostiju i kože, narezana na ploške
- 1 rajčica, nasjeckana
- ½ žličice sušenog origana
- ½ žličice sušenog bosiljka
- ½ šalice mozzarelle, naribane

Upute:
1. Začinite piletinu solju, paprom i češnjakom u prahu.
2. Zagrijte tavu s uljem na srednje jakoj vatri, dodajte ploške piletine, popržite ih sa svih strana i prebacite u posudu za pečenje.

3. Ponovno zagrijte tavu na srednjoj vatri, dodajte tikvice, origano, rajčicu, bosiljak, sol i papar, promiješajte, kuhajte 2 minute i prelijte preko piletine.
4. Stavite u pećnicu zagrijanu na 325 stupnjeva F i pecite 20 minuta.
5. Premažite piletinu mozzarellom, vratite u pećnicu i pecite još 5 minuta.
6. Podijelite na tanjure i poslužite.

Zabavi se!

Prehrana: kalorija 235, masti 4, vlakna 1, ugljikohidrati 2, proteini 35

Piletina s narančom

Kombinacija je apsolutno ukusna!

Vrijeme pripreme: 10 minuta
Vrijeme kuhanja: 15 minuta
Porcije: 4

Sastojci:
- 2 funte pilećih bataka, bez kože, otkoštenih i narezanih na komade
- Sol i crni papar po ukusu
- 3 žlice kokosovog ulja
- ¼ šalice kokosovog brašna

Za umak:
- 2 žlice ribljeg umaka
- 1 ½ žličice ekstrakta naranče
- 1 žlica đumbira, naribanog
- ¼ šalice soka od naranče
- 2 žličice stevije
- 1 žlica narančine kore
- ¼ žličice sjemenki sezama
- 2 žlice nasjeckanog luka

- ½ žličice korijandera, mljevenog
- 1 šalica vode
- ¼ žličice pahuljica crvene paprike
- 2 žlice sojinog umaka bez glutena

Upute:

1. U posudi pomiješajte kokosovo brašno, sol i papar te promiješajte.
2. Dodajte komade piletine i promiješajte da se dobro oblože.
3. Zagrijte tavu s uljem na laganoj vatri, dodajte piletinu, popržite je s obje strane i prebacite u zdjelu.
4. U blenderu pomiješajte sok od naranče s đumbirom, ribljim umakom, soja umakom, stevijom, ekstraktom naranče, vodom i korijanderom te dobro izmiješajte.
5. Izlijte ga u tavu i zagrijte na srednjoj vatri.
6. Dodajte piletinu, promiješajte i kuhajte 2 minute.
7. Dodajte sjemenke sezama, koricu naranče, ljutiku i papar, promiješajte i kuhajte 2 minute te maknite s vatre.
8. Podijelite na tanjure i poslužite.

Zabavi se!

Prehrana: kalorija 423, masti 20, vlakna 5, ugljikohidrati 6, proteini 45

Pita od kokoši

Ova torta je tako ukusna!

Vrijeme pripreme: 10 minuta
Vrijeme kuhanja: 45 minuta
Porcije: 4
Sastojci:

- ½ šalice žutog luka, nasjeckanog
- 3 žlice pročišćenog maslaca
- ½ šalice mrkve, nasjeckane
- 3 češnja češnjaka, nasjeckana
- Sol i crni papar po ukusu
- ¾ šalice vrhnja
- ½ šalice pileće juhe
- 12 unci piletine, narezane na kockice
- 2 žlice Dijon senfa
- ¾ šalice sira cheddar, naribanog

Za tijesto:

- ¾ šalice bademovog brašna
- 3 žlice krem sira
- 1 ½ šalice mozzarelle, naribane
- 1 jaje

- 1 žličica luka u prahu
- 1 žličica češnjaka u prahu
- 1 žličica talijanskog začina
- Sol i crni papar po ukusu

Upute:

1. Zagrijte tavu s gheejem na srednjoj vatri, dodajte luk, mrkvu, češnjak, sol i papar, promiješajte i kuhajte 5 minuta.
2. Dodajte piletinu, promiješajte i kuhajte još 3 minute.
3. Dodajte vrhnje, juhu, sol, papar i senf, promiješajte i kuhajte još 7 minuta.
4. Dodajte cheddar sir, dobro promiješajte, maknite s vatre i držite na toplom.
5. Za to vrijeme u zdjeli pomiješajte mozzarellu sa krem sirom, promiješajte i zagrijte u mikrovalnoj pećnici 1 minutu.
6. Dodajte češnjak u prahu, talijanski začin, sol, papar, luk u prahu, brašno i jaje te dobro promiješajte.
7. Tijesto dobro izmijesiti, podijeliti na 4 dijela i svaki razvaljati u krug.
8. Smjesu s piletinom podijelite u 4 posude, svaku prekrijte krugom tijesta i stavite peći na 180°C 25 minuta.
9. Pileće pite poslužite vruće.

Zabavi se!

Prehrana: kalorija 600, masti 54, vlakna 14, ugljikohidrati 10, proteini 45

Piletina umotana u slaninu

Okusi će vas sigurno oduševiti!

Vrijeme pripreme: 10 minuta
Vrijeme kuhanja: 35 minuta
Porcije: 4

Sastojci:

- 1 žlica nasjeckanog vlasca
- 8 unci krem sira
- 2 kilograma pilećih prsa, bez kože i kostiju
- 12 kriški slanine
- Sol i crni papar po ukusu

Upute:

1. Zagrijte tavu na srednje jakoj vatri, dodajte slaninu, dopola zapecite, prebacite na upijajući papir i ocijedite masnoću.
2. Krem sir pomiješajte sa soli, paprom i vlascem u zdjeli i promiješajte.
3. Pileća prsa dobro spljoštite batićem za meso, podijelite smjesu od krem sira, zarolajte i zamotajte svako u šnitu kuhane slanine.

4. Stavite zamotana pileća prsa na lim za pečenje, stavite u pećnicu zagrijanu na 375 stupnjeva F i pecite 30 minuta.
5. Podijelite na tanjure i poslužite.

Zabavi se!

Prehrana: kalorija 700, masti 45, vlakna 4, ugljikohidrati 5, proteini 45

Tako ukusna pileća krilca

Svidjet će vam se ovaj keto obrok i radit ćete ga uvijek iznova!

Vrijeme pripreme: 10 minuta
Vrijeme kuhanja: 55 minuta
Porcije: 4

Sastojci:

- 3 kg pilećih krilaca
- Sol i crni papar po ukusu
- 3 žlice kokosovih aminokiselina
- 2 žlice bijelog octa
- 3 žlice rižinog octa
- 3 žlice stevije
- ¼ šalice nasjeckanog luka
- ½ žličice ksantanske gume
- 5 suhih čilija, nasjeckanih

Upute:

1. Stavite pileća krilca na obložen lim za pečenje, začinite solju i paprom, stavite u pećnicu na 350 stupnjeva F i pecite 45 minuta.

2. U međuvremenu zagrijte lonac na srednje jakoj vatri, dodajte bijeli ocat, rižin ocat, kokosove aminokiseline, steviju, ksantan gumu, luk i čili, dobro promiješajte, zakuhajte, kuhajte 2 minute i maknite s vatre.
3. Pileća krilca umočimo u ovaj umak, opet sve stavimo na tepsiju i pečemo još 10 minuta.
4. Poslužite ih vruće.

Zabavi se!

Prehrana:kalorija 415, masti 23, vlakna 3, ugljikohidrati 2, proteini 27

Piletina u umaku od vrhnja

Vjeruj nam! Ovaj keto recept je tu da impresionira!

Vrijeme pripreme: 10 minuta
Vrijeme za kuhanje: 1 sat i 10 minuta
Porcije: 4

Sastojci:

- 8 pilećih bataka
- Sol i crni papar po ukusu
- 1 žuti luk nasjeckan
- 1 žlica kokosovog ulja
- 4 trake slanine, narezane na ploške
- 4 češnja češnjaka, nasjeckana
- 10 unci cremini gljiva, prerezanih na pola
- 2 čaše bijelog vina chardonnay
- 1 šalica vrhnja za šlag
- Šaka nasjeckanog peršina

Upute:

1. Zagrijte tavu s uljem na srednjoj vatri, dodajte slaninu, promiješajte, kuhajte dok ne postane hrskava, maknite s vatre i prebacite na upijajući papir.

2. Zagrijte tavu sa slaninom na srednje jakoj vatri, dodajte komade piletine, posolite i popaprite, kuhajte dok ne porumene te ih također prebacite na upijajući papir.
3. Ponovno zagrijte tavu na srednjoj vatri, dodajte luk, promiješajte i kuhajte 6 minuta.
4. Dodajte češnjak, promiješajte, kuhajte 1 minutu i stavite uz komadiće slanine.
5. Vratite tavu na štednjak i zagrijte je na srednje jakoj vatri.
6. Dodajte gljive, promiješajte i kuhajte 5 minuta.
7. U tavu vratite piletinu, slaninu, češnjak i luk.
8. Dodajte vino, promiješajte, zakuhajte, smanjite vatru i kuhajte 40 minuta.
9. Dodajte peršin i vrhnje, promiješajte i kuhajte još 10 minuta.
10. Podijelite na tanjure i poslužite.

Zabavi se!

Prehrana: kalorija 340, masti 10, vlakna 7, ugljikohidrati 4, proteini 24

Prekrasna piletina

To je ukusno, teksturirano keto jelo od peradi!

Vrijeme pripreme: 10 minuta
Vrijeme kuhanja: 1 sat
Porcije: 4

Sastojci:

- 6 pilećih prsa bez kože i kostiju
- Sol i crni papar po ukusu
- ¼ šalice jalapenosa, nasjeckanih
- 5 ploški slanine, narezane na ploške
- 8 unci krem sira
- ¼ šalice žutog luka, nasjeckanog
- ½ šalice majoneze
- ½ šalice ribanog parmezana
- 1 šalica cheddar sira, naribanog

Za nadjev:

- 2 unce svinjske kožice, nasjeckane
- 4 žlice otopljenog pročišćenog maslaca
- ½ šalice parmezana

Upute:
1. Stavite pileća prsa na lim za pečenje, začinite solju i paprom, stavite u pećnicu zagrijanu na 425 stupnjeva F i pecite 40 minuta.
2. U međuvremenu zagrijte tavu na srednjoj vatri, dodajte slaninu, promiješajte, kuhajte dok ne postane hrskava i prebacite na tanjur.
3. Zagrijte tavu na srednjoj vatri, dodajte luk, promiješajte i kuhajte 4 minute.
4. Maknite s vatre, dodajte slaninu, jalapeno, krem sir, majonezu, cheddar sir i ½ šalice parmeza i dobro promiješajte.
5. Rasporedite po piletini.
6. U zdjeli pomiješajte svinjsku kožicu s gheejem i ½ šalice paramela i promiješajte.
7. Piletinu također natrljamo, stavimo u pećnicu i kuhamo još 15 minuta.
8. Poslužite vruće.

Zabavi se!

Prehrana: kalorija 340, masti 12, vlakna 2, ugljikohidrati 5, proteini 20

Ukusan umak od piletine i vrhnja

Morate naučiti kako napraviti ovaj ukusni keto obrok! Baš je ukusno!

Vrijeme pripreme: 10 minuta
Vrijeme kuhanja: 40 minuta
Porcije: 4

Sastojci:

- 4 pileća batka
- Sol i crni papar po ukusu
- 1 žličica luka u prahu
- ¼ šalice kiselog vrhnja
- 2 žlice slatke paprike

Upute:

1. Pomiješajte papriku sa soli, paprom i lukom u prahu u zdjeli i promiješajte.
2. Začinite komade piletine ovom mješavinom papra, posložite u obložen pleh i pecite u pećnici zagrijanoj na 400 stupnjeva F 40 minuta.
3. Pileće meso podijelite na tanjure i za sada ga ostavite sa strane.

4. Sok iz tepsije ulijte u posudu i dodajte kiselo vrhnje.
5. Ovaj umak dobro izmiješajte i začinite njime piletinu. Zabavi se!

Prehrana: kalorija 384, masti 31, vlakna 2, ugljikohidrati 1, proteini 33

Ukusan pileći stroganoff

Jeste li čuli za ovaj keto recept? Čini se da je super!

Vrijeme pripreme: 10 minuta
Vrijeme za kuhanje: 4 sata i 10 minuta
Porcije: 4

Sastojci:

- 2 češnja češnjaka, mljevena
- 8 unci gljiva, grubo nasjeckanih
- ¼ žličice sjemenki celera, mljevenog
- 1 šalica pileće juhe
- 1 šalica kokosovog mlijeka
- 1 žuti luk nasjeckan
- 1 funta pilećih prsa, izrezanih na srednje komade
- 1 ½ žličice osušene majčine dušice
- 2 žlice nasjeckanog peršina
- Sol i crni papar za testise
- 4 tikvice izrezati spiralizatorom

Upute:

1. Stavite piletinu u sporo kuhalo.

2. Dodajte sol, papar, luk, češnjak, gljive, kokosovo mlijeko, sjemenke celera, juhu, polovicu peršina i majčinu dušicu.
3. Promiješajte, poklopite i kuhajte na visokoj temperaturi 4 sata.
4. Otklopite posudu, dodajte još soli, papra i ostatak peršina po ukusu i promiješajte.
5. Zagrijte posudu s vodom na srednje jakoj vatri, posolite, zakuhajte, dodajte tjesteninu od tikvica, kuhajte 1 minutu i ocijedite.
6. Podijelite na tanjure, ukrasite piletinom i poslužite.

Zabavi se!

Prehrana: kalorija 364, masti 22, vlakna 2, ugljikohidrati 4, proteini 24

Ukusan pileći gumbo

OH. Svidjet će vam se!

Vrijeme pripreme: 10 minuta
Vrijeme kuhanja: 7 sati
Porcije: 5

Sastojci:

- 2 kobasice, izrezane na ploške
- 3 pileća prsa narezana na kockice
- 2 žlice sušenog origana
- 2 paprike, nasjeckane
- 1 manja glavica žutog luka nasjeckana
- 28 unci konzerviranih rajčica, nasjeckanih
- 3 žlice suhe majčine dušice
- 2 žlice češnjaka u prahu
- 2 žlice senfa u prahu
- 1 žličica kajenskog papra u prahu
- 1 žlica čilija u prahu
- Sol i crni papar po ukusu
- 6 žlica kreolskog začina

Upute:
1. U laganom kuhalu pomiješajte kobasice s komadićima piletine, soli, paprom, paprikom, origanom, lukom, majčinom dušicom, češnjakom u prahu, senfom u prahu, rajčicama, kajenskom paprikom, čili papričicom i kreolom.
2. Poklopite i kuhajte na laganoj vatri 7 sati.
3. Ponovno otvorite lonac, promiješajte gumbo i podijelite ga u zdjelice.
4. Poslužite vruće.

Zabavi se!

Prehrana: kalorija 360, masti 23, vlakna 2, ugljikohidrati 6, proteini 23

Mekani pileći bataci

Vidjet ćete o čemu pričamo!

Vrijeme pripreme: 10 minuta
Vrijeme kuhanja: 45 minuta
Porcije: 4

Sastojci:

- 3 žlice pročišćenog maslaca
- 8 unci gljiva, narezanih
- 2 žlice sira Gruyere, naribanog
- Sol i crni papar po ukusu
- 2 češnja češnjaka, mljevena
- 6 pilećih bataka, koža i kosti

Upute:

1. Zagrijte tavu s 1 žlicom pročišćenog maslaca na laganoj vatri, dodajte pileće batake, začinite solju i paprom, pržite ih 3 minute sa svake strane i stavite u posudu za pečenje.
2. Zagrijte tavu s preostalim gheejem na srednjoj vatri, dodajte češnjak, promiješajte i kuhajte 1 minutu.
3. Dodajte gljive i dobro promiješajte.

4. Posolite i popaprite, promiješajte i kuhajte 10 minuta.
5. Rasporedite ih po piletini, pospite sirom, stavite u pećnicu zagrijanu na 350 stupnjeva F i pecite 30 minuta.
6. Prebacite pećnicu na grill i pecite sve još nekoliko minuta.
7. Podijelite na tanjure i poslužite.

Zabavi se!

Prehrana:kalorija 340, masti 31, vlakna 3, ugljikohidrati 5, proteini 64

Ukusna hrskava piletina

Ovo je jednostavno savršeno!

Vrijeme pripreme: 10 minuta
Vrijeme kuhanja: 20 minuta
Porcije: 4

Sastojci:

- 1 razmućeno jaje
- Sol i crni papar po ukusu
- 3 žlice kokosovog ulja
- 1 ½ šalice pekan oraha, nasjeckanih
- 4 pileća prsa
- Sol i crni papar po ukusu

Upute:

1. U jednu zdjelu stavite pekan orahe, a u drugu razmućeno jaje.
2. Začinite piletinu, umočite je u jaje pa u orahe pekan.
3. Zagrijte tavu s uljem na srednje jakoj vatri, dodajte piletinu i pecite dok ne porumeni s obje strane.
4. Prebacite komade piletine u lim za pečenje, stavite u pećnicu i pecite 10 minuta na 180°C.

5. Podijelite na tanjure i poslužite.

Zabavi se!

Prehrana:kalorija 320, masti 12, vlakna 4, ugljikohidrati 1, proteini 30

Pečena piletina sa paprikom

Nemoguće je ne cijeniti ovu sjajnu keto hranu!

Vrijeme pripreme: 10 minuta
Vrijeme kuhanja: 55 minuta
Porcije: 6

Sastojci:

- 14oz umak za pizzu s niskim udjelom ugljikohidrata
- 1 žlica kokosovog ulja
- 4 srednja pileća prsa bez kože i kostiju
- Sol i crni papar po ukusu
- 1 žličica sušenog origana
- 6 unci mozzarelle, narezane na ploške
- 1 žličica češnjaka u prahu
- 2 unce paprike, narezane na kriške

Upute:

1. Umak za pizzu stavite u lonac, zakuhajte na srednjoj vatri, kuhajte 20 minuta i maknite s vatre.
2. U zdjeli pomiješajte piletinu sa soli, paprom, češnjakom u prahu i origanom te promiješajte.

3. Zagrijte tavu s kokosovim uljem na srednje jaku temperaturu, dodajte komade piletine, pržite 2 minute po strani i prebacite u posudu za pečenje.
4. Na vrh stavite ploške mozzarelle, rasporedite umak, stavite ploške feferona, stavite u pećnicu zagrijanu na 400 stupnjeva F i pecite 30 minuta.
5. Podijelite na tanjure i poslužite.

Zabavi se!

Prehrana: kalorija 320, masti 10, vlakna 6, ugljikohidrati 3, proteini 27

Pržena piletina

To je vrlo jednostavno jelo koje ćete voljeti!

Vrijeme pripreme: 24 sata
Vrijeme kuhanja: 20 minuta
Porcije: 4

Sastojci:

- 3 pileća prsa, narezana na trakice
- 4 unce svinjske kože, nasjeckane
- 2 šalice kokosovog ulja
- 16 unci konzerviranog soka od krastavaca
- 2 jaja, istučena

Upute:

1. Pomiješajte komade pilećih prsa s kiselim sokom u zdjeli, promiješajte, poklopite i ostavite u hladnjaku 24 sata.
2. Stavite jaja u jednu posudu, a svinjske kožice u drugu.
3. Komade piletine umočite u jaje pa u kolutove i dobro premažite.

4. Zagrijte tavu s uljem na srednje jakoj vatri, dodajte komade piletine, pržite 3 minute sa svake strane, prebacite na papirnate ubruse i ocijedite masnoću.
5. Poslužite s keto aioli sa strane.

Zabavi se!

Prehrana: kalorija 260, masti 5, vlakna 1, ugljikohidrati 2, proteini 20

Pileći calzone

Ovaj poseban calzone doista je izvrstan!

Vrijeme pripreme: 10 minuta
Vrijeme kuhanja: 1 sat
Porcije: 12

Sastojci:

- 2 jaja
- 1 keto kora za pizzu
- ½ šalice ribanog parmezana
- 1 funta pilećih prsa, bez kože, bez kostiju i prerezana na pola svaka
- ½ šalice keto marinara umaka
- 1 žličica talijanskog začina
- 1 žličica luka u prahu
- 1 žličica češnjaka u prahu
- Sol i crni papar po ukusu
- ¼ šalice lanenih sjemenki, mljevenih
- 8 unci provolona

Upute:

1. U zdjeli pomiješajte talijanski začin s lukom u prahu, češnjakom u prahu, soli, paprom, lanenim sjemenkama i parmezanom i dobro promiješajte.
2. U drugoj zdjeli pomiješajte jaja s prstohvatom soli i papra i dobro ih umutite.
3. Komade piletine umočite u jaja pa u mješavinu začina, sve komade složite u obložen pleh i pecite u pećnici na 180°C 30 minuta.
4. Tijesto za pizzu stavite na obloženu tepsiju i na polovicu rasporedite polovinu provolona
5. Izvadite piletinu iz pećnice, narežite je i premažite provolonom.
6. Dodajte marinara umak pa ostatak sira.
7. Sve pokrijte drugom polovicom tijesta i oblikujte calzone.
8. Zatvorite rubove, stavite u pećnicu zagrijanu na 350 stupnjeva F i pecite još 20 minuta.
9. Ostavite calzone da se ohladi prije rezanja i posluživanja.

Zabavi se!

Prehrana: kalorija 340, masti 8, vlakna 2, ugljikohidrati 6, proteini 20

Meksička pileća juha

Vrlo je jednostavno napraviti ukusnu keto pileću juhu! Pokušaj ovo!

Vrijeme pripreme: 10 minuta
Vrijeme kuhanja: 4 sata
Porcije: 6

Sastojci:

- 1 1/2 kilograma pileće juhe, bez kože, bez kostiju i narezane na kockice
- 15 unci pileće juhe
- 15 oz konzervirane krupne salse
- 8 oz Monterey Jack

Upute:

1. U laganom kuhalu pomiješajte piletinu s juhom, umakom i sirom, promiješajte, poklopite i kuhajte na visokoj temperaturi 4 sata.
2. Otklopite lonac, promiješajte juhu, podijelite je u zdjelice i poslužite.

Zabavi se!

Prehrana: kalorija 400, masti 22, vlakna 3, ugljikohidrati 6, proteini 38

Jednostavno prženje piletine

To je keto prijateljski recept koji biste trebali uskoro isprobati!

Vrijeme pripreme: 10 minuta
Vrijeme kuhanja: 12 minuta
Porcije: 2

Sastojci:

- 2 pileća batka bez kostiju i kože narezana na tanke trakice
- 1 žlica sezamovog ulja
- 1 žličica pahuljica crvene paprike
- 1 žličica luka u prahu
- 1 žlica đumbira, naribanog
- ¼ šalice tamari umaka
- ½ žličice češnjaka u prahu
- ½ šalice vode
- 1 žlica stevije
- ½ žličice ksantanske gume
- ½ šalice nasjeckanog luka
- 2 šalice cvjetića brokule

Upute:
1. Zagrijte tavu s uljem na srednje jakoj vatri, dodajte piletinu i đumbir, promiješajte i kuhajte 3 minute.
2. Dodajte vodu, tamari umak, luk u prahu, češnjak u prahu, steviju, papriku i ksantan gumu, promiješajte i kuhajte 5 minuta.
3. Dodajte brokulu i luk, promiješajte, kuhajte još 2 minute i podijelite na tanjure.
4. Poslužite vruće.

Zabavi se!

Prehrana: kalorija 210, masti 10, vlakna 3, ugljikohidrati 5, proteini 20

Piletina sa špinatom i artičokama

Kombinacija je uistinu posebna!

Vrijeme pripreme: 10 minuta
Vrijeme kuhanja: 50 minuta
Porcije: 4

Sastojci:

- 4 unce krem sira
- 4 pileća prsa
- 10 unci konzerviranih srca artičoka, nasjeckanih
- 10 unci špinata
- ½ šalice ribanog parmezana
- 1 žlica sušenog luka
- 1 žlica sušenog češnjaka
- Sol i crni papar po ukusu
- 4 unce mozzarelle, naribane

Upute:

1. Stavite pileća prsa na obložen lim za pečenje, začinite solju i paprom, stavite u pećnicu zagrijanu na 400 stupnjeva F i pecite 30 minuta.

2. U zdjeli pomiješajte artičoke s lukom, krem sirom, parmezanom, špinatom, češnjakom, soli i paprom te promiješajte.
3. Izvadite piletinu iz pećnice, svaki komad prerežite na pola, podijelite smjesu od artičoka, pospite mozzarellom, pecite na 200 stupnjeva i kuhajte još 15 minuta.
4. Poslužite vruće.

Zabavi se!

Prehrana: kalorija 450, masti 23, vlakna 1, ugljikohidrati 3, proteini 39

Pileće mesne okruglice

Ovo je poseban keto recept koji želimo podijeliti s vama!

Vrijeme pripreme: 10 minuta
Vrijeme kuhanja: 40 minuta
Porcije: 8

Sastojci:
- 1 šalica keto marinara umaka
- 2 funte piletine, mljevene
- 2 žlice nasjeckanog peršina
- 4 češnja češnjaka, nasjeckana
- 2 žličice luka u prahu
- 2 žličice talijanskog začina
- Sol i crni papar po ukusu

Za nadjev:
- ½ šalice ricotte
- 1 šalica ribanog parmezana
- 1 šalica mozzarelle, naribane
- 2 žličice vlasca nasjeckanog
- 2 žlice nasjeckanog peršina
- 1 režanj češnjaka, samljeven

Upute:
1. U zdjelu pomiješajte piletinu s polovicom marinara umaka, soli, paprom, talijanskim začinima, 4 režnja češnjaka, lukom u prahu i 2 žlice peršina i dobro promiješajte.
2. U drugoj zdjeli pomiješajte ricottu s pola parmezana, pola mozzarelle, vlascem, 1 češnjem češnjaka, soli, paprom i 2 žlice peršina te dobro promiješajte.
3. Stavite pola smjese od piletine u zdjelu i ravnomjerno rasporedite.
4. Dodamo nadjev od sira i također ga rasporedimo.
5. Odozgo posložiti ostatak mesa i opet rasporediti.
6. Stavite mesnu štrucu u pećnicu zagrijanu na 400 stupnjeva F i pecite 20 minuta.
7. Mesnu štrucu izvadite iz pećnice, premažite je ostatkom marinara umaka, ostatkom parmezana i mozzarelle i pecite još 20 minuta.
8. Ostavite ćuftu da se ohladi, izrežite je, podijelite na tanjure i poslužite.

Zabavi se!

Prehrana: kalorije 273, masti 14, vlakna 1, ugljikohidrati 4, proteini 28

Ukusno cijelo pile

Skuhajte ovaj keto obrok za posebnu priliku!

Vrijeme pripreme: 10 minuta
Vrijeme kuhanja: 40 minuta
Porcije: 12

Sastojci:

- 1 cijelo pile
- ½ žličice luka u prahu
- ½ žličice češnjaka u prahu
- Sol i crni papar po ukusu
- 2 žlice kokosovog ulja
- 1 žličica talijanskog začina
- 1 ½ šalice pileće juhe
- 2 žličice guar guara

Upute:

1. Premažite piletinu s polovicom ulja, češnjakom u prahu, soli, paprom, talijanskim začinima i lukom u prahu.
2. Stavite ostatak ulja u instant lonac i dodajte piletinu u lonac.

3. Dodajte juhu, poklopite lonac i kuhajte na jakoj vatri 40 minuta.
4. Prebacite piletinu na tanjur i za sada ostavite sa strane.
5. Postavite Instant lonac na način pirjanja, dodajte guar guar, miješajte i kuhajte dok se ne zgusne.
6. Umak prelijte preko piletine i poslužite.

Zabavi se!

Prehrana: kalorija 450, masti 30, vlakna 1, ugljikohidrati 1, proteini 34

Umak od piletine i mladog luka

Recite svim svojim prijateljima o ovom keto obroku!

Vrijeme pripreme: 10 minuta
Vrijeme kuhanja: 27 minuta
Porcije: 4

Sastojci:

- 2 žlice pročišćenog maslaca
- 1 mladi luk, nasjeckan
- 4 polovice pilećih prsa bez kože i kostiju
- Sol i crni papar po ukusu
- 8 unci kiselog vrhnja

Upute:

1. Zagrijte tavu s gheejem na srednje jakoj vatri, dodajte komade piletine, začinite solju i paprom, poklopite, smanjite vatru i pirjajte 10 minuta.
2. Otklopite posudu, okrenite komade piletine i kuhajte ih poklopljene još 10 minuta.
3. Dodajte mladi luk, promiješajte i kuhajte još 2 minute.

4. Maknite s vatre, po potrebi posolite i popaprite, dodajte kiselo vrhnje, dobro promiješajte, poklopite posudu i ostavite sa strane 5 minuta.
5. Ponovno promiješajte, rasporedite po tanjurima i poslužite.

Zabavi se!

Prehrana: kalorija 200, masti 7, vlakna 2, ugljikohidrati 1, proteini 8

Gljive punjene piletinom

To je jednostavan recept koji će vam se sigurno svidjeti!

Vrijeme pripreme: 10 minuta
Vrijeme kuhanja: 10 minuta
Porcije: 6

Sastojci:
- Kaputi gljiva od 16 oz
- 4 unce krem sira
- ¼ šalice mrkve, nasjeckane
- 1 žličica mješavine začina za ranch
- 4 žlice ljutog umaka
- ¾ šalice plavog sira, izmrvljenog
- ¼ šalice crvenog luka, nasjeckanog
- ½ šalice piletine, već kuhane i nasjeckane
- Sol i crni papar po ukusu
- Sprej za pečenje

Upute:
1. U zdjeli pomiješajte krem sir, ljuti umak, ranch dressing, sol, papar, piletinu, mrkvu i crveni luk te promiješajte.

Piletina punjena avokadom

Morat ćete to podijeliti sa svim svojim prijateljima!

Vrijeme pripreme: 10 minuta
Vrijeme kuhanja: 0 minuta
Porcije: 2

Sastojci:

- 2 avokada, prepolovljena i bez koštice
- ¼ šalice majoneze
- 1 žličica suhe majčine dušice
- 2 žlice krem sira
- 1 ½ šalice piletine, kuhane i nasjeckane
- Sol i crni papar po ukusu
- ¼ žličice kajenskog papra
- ½ žličice luka u prahu
- ½ žličice češnjaka u prahu
- 1 žličica paprike
- Sol i crni papar po ukusu
- 2 žlice soka od limuna

2. Napunite svaki klobuk gljive ovom mješavi na obložen lim za pečenje, poprskajte kuhanje, stavite u pećnicu zagrijanu na 42: i pecite 10 minuta.
3. Podijelite na tanjure i poslužite.

Zabavi se!

Prehrana: kalorija 200, masti 4, vlakna 1, ugljikohid 7

1. Uklonite unutrašnjost polovica avokada i stavite pulpu u zdjelu.
2. Za sada ostavite šalice avokada po strani.
3. Dodajte piletinu u pulpu avokada i promiješajte.
4. Također dodajte majonezu, majčinu dušicu, krem sir, ljutu papriku, luk, češnjak, papriku, sol, papar i limunov sok i dobro promiješajte.
5. Napunite avokado smjesom od piletine i poslužite.

Zabavi se!

Prehrana: kalorija 230, masti 40, vlakna 11, ugljikohidrati 5, proteini 24

Ukusna balzamična piletina

To je jednostavan obrok koji možete napraviti već danas!

Vrijeme pripreme: 10 minuta
Vrijeme kuhanja: 20 minuta
Porcije: 4

Sastojci:

- 3 žlice kokosovog ulja
- 2 kilograma pilećih prsa, bez kože i kostiju
- 3 češnja češnjaka, nasjeckana
- Sol i crni papar po ukusu
- 1 šalica pileće juhe
- 3 žlice stevije
- ½ šalice balzamičnog octa
- 1 rajčica, narezana na tanke ploške
- 6 kriški mozzarelle
- Malo nasjeckanog bosiljka za posluživanje

Upute:

- Zagrijte tavu s uljem na srednje jaku temperaturu, dodajte komade piletine, posolite i popaprite, popržite ih s obje strane i smanjite vatru.

- Dodajte češnjak, ocat, juhu i steviju, promiješajte, ponovno pojačajte vatru i kuhajte 10 minuta.
- Stavite pileća prsa na obloženu tepsiju, na njih stavite ploške mozzarelle i pospite bosiljkom.
- Kuhajte u pećnici na srednje jakoj vatri dok se sir ne rastopi, a zatim stavite ploške rajčice na komade piletine.
- Podijelite na tanjure i poslužite.

Zabavi se!

Prehrana: kalorija 240, masti 12, vlakna 1, ugljikohidrati 4, proteini 27

Pileća tjestenina

Ovo je super ideja za večeru! Ovaj keto obrok je ukusan!

Vrijeme pripreme: 10 minuta
Vrijeme kuhanja: 30 minuta
Porcije: 4
Sastojci:

- 2 žlice pročišćenog maslaca
- 1 žličica češnjaka, mljevenog
- 1 funta pilećih kotleta
- 1 žličica Cajun papra
- ¼ šalice nasjeckanog luka
- ½ šalice rajčice, nasjeckane
- ½ šalice pileće juhe
- ¼ šalice vrhnja za šlag
- ½ šalice cheddar sira, nasjeckanog
- 1 unca krem sira
- ¼ šalice cilantra, nasjeckanog
- Sol i crni papar po ukusu

Za tjesteninu:

- 4 unce krem sira
- 8 jaja
- Sol i crni papar po ukusu

- Prstohvat češnjaka u prahu

Upute:
1. Zagrijte tavu s 1 žlicom gheeja na srednjoj vatri, dodajte pileće kotlete, začinite Cajun začinima, pecite 2 minute sa svake strane i prebacite na tanjur.
2. Zagrijte tavu s ostatkom gheeja na srednje jakoj vatri, dodajte češnjak, promiješajte i kuhajte 2 minute.
3. Dodajte rajčice, promiješajte i kuhajte još 2 minute.
4. Dodajte juhu i preostale Cajun začine, promiješajte i kuhajte 5 minuta.
5. Dodajte tučeno vrhnje, cheddar sir, 1 uncu krem sira, sol, papar, luk i cilantro, dobro promiješajte, kuhajte još 2 minute i ugasite vatru.
6. U međuvremenu, u blenderu pomiješajte 4 unce krem sira s jajima, soli, paprom i češnjakom u prahu i dobro promiješajte.
7. Izlijte u obloženu tepsiju, ostavite 5 minuta, pa pecite u pećnici zagrijanoj na 180°C 10 minuta.
8. Ostavite tijesto da se ohladi, prebacite ga na lim, zarolajte i narežite na srednje ploške.
9. Podijelite tjesteninu na tanjure, napunite je smjesom od piletine i poslužite.

Zabavi se!

Prehrana: kalorija 345, masti 34, vlakna 4, ugljikohidrati 4, proteini 39

Piletina s kikirikijem na žaru

To je tajlandski keto recept koji vrijedi isprobati!

Vrijeme pripreme: 10 minuta
Vrijeme kuhanja: 20 minuta
Porcije: 8

Sastojci:

- 2 1/2 kilograma pilećih bataka i zabataka
- 1 žlica kokosovih aminokiselina
- 1 žlica jabučnog octa
- Prstohvat čili pahuljica
- Sol i crni papar po ukusu
- ½ žličice mljevenog đumbira
- 1/3 šalice maslaca od kikirikija
- 1 režanj češnjaka, samljeven
- ½ šalice tople vode

Upute:

- U blenderu pomiješajte maslac od kikirikija s vodom, aminokiselinama, soli, paprom, pahuljicama čilija, đumbirom, češnjakom i octom i dobro izmiksajte.

- Osušite komade piletine, stavite ih u tavu i prelijte marinadom od maslaca od kikirikija.
- Utrljajte i ostavite u hladnjaku 1 sat.
- Stavite komade piletine s kožom prema dolje na prethodno zagrijani roštilj na srednje jakoj temperaturi, pecite ih 10 minuta, okrenite, namažite marinadom i pecite još 10 minuta.
- Podijelite na tanjure i poslužite.

Zabavi se!

Prehrana: kalorija 375, masti 12, vlakna 1, ugljikohidrati 3, proteini 42

Jednostavan pileći paprikaš

Tako je jednostavno napraviti ukusan i jednostavan keto pileći paprikaš!

Vrijeme pripreme: 10 minuta
Vrijeme kuhanja: 2 sata
Porcije: 4

Sastojci:

- 2 mrkve, nasjeckane
- 2 štapića celera, nasjeckana
- 2 šalice pileće juhe
- 1 manja glavica luka nasjeckana
- 28 unci pilećih bataka, bez kože, bez kostiju i izrezanih na srednje komade
- 3 češnja češnjaka, nasjeckana
- ½ žličice sušenog ružmarina
- 1 šalica špinata
- ½ žličice sušenog origana
- ¼ žličice suhe majčine dušice
- ½ šalice gustog vrhnja
- Sol i crni papar po ukusu

- Prstohvat ksantan gume

Upute:

- U laganom kuhalu pomiješajte piletinu s temeljcem, celerom, mrkvom, lukom, češnjakom, ružmarinom, majčinom dušicom, origanom, malo soli i papra, promiješajte, poklopite i kuhajte na jakoj vatri 2 sata.
- Dodati još soli i papra po ukusu, dodati špinat i vrhnje te promiješati.
- Dodajte ksantan gumu, promiješajte i kuhajte još 10 minuta.
- Podijelite u zdjelice i poslužite.

Zabavi se!

Prehrana: kalorija 224, masti 11, vlakna 4, ugljikohidrati 6, proteini 23

Gulaš od piletine i povrća

Zašto ne probati nešto posebno za promjenu? Ovo kremasto keto varivo je božanstveno!

Vrijeme pripreme: 10 minuta
Vrijeme kuhanja: 30 minuta
Porcije: 6

Sastojci:

- 2 šalice vrhnja za šlag
- Rotisserie komadići piletine od 40 unci, bez kostiju, bez kože i nasjeckani
- 3 žlice pročišćenog maslaca
- ½ šalice žutog luka, nasjeckanog
- ¾ šalice nasjeckane crvene paprike
- 29 unci konzervirane pileće juhe
- Sol i crni papar po ukusu
- 1 list lovora
- 8 unci gljiva, nasjeckanih
- 1 šalica zelenih mahuna
- 17 unci šparoga, orezanih
- 3 žličice nasjeckanog timijana

Upute:
1. Zagrijte tavu s vrhnjem na srednjoj vatri, pustite da zavrije i kuhajte dok se ne reducira, 7 minuta.
2. U međuvremenu zagrijte tavu s gheejem na srednjoj vatri, dodajte luk i papar, promiješajte i kuhajte 3 minute.
3. Dodajte temeljac, lovorov list, malo soli i papra, zakuhajte i kuhajte 10 minuta.
4. Dodajte šparoge, mahune i gljive, promiješajte i kuhajte 7 minuta.
5. Dodajte komade piletine, promiješajte i kuhajte još 3 minute.
6. Dodajte vrhnje, timijan, sol i papar po ukusu, promiješajte, izvadite lovorov list, rastavite gulaš u zdjelice i poslužite.

Zabavi se!

Prehrana: kalorija 500, masti 27, vlakna 3, ugljikohidrati 4, proteini 47

Gulaš od kozica

Jeste li ikada doživjeli ovako nešto?

Vrijeme pripreme: 10 minuta
Vrijeme kuhanja: 15 minuta
Porcije: 6

Sastojci:

- ¼ šalice žutog luka, nasjeckanog
- ¼ šalice maslinovog ulja
- 1 režanj češnjaka, samljeven
- 1 1/2 kilograma škampa, oguljenih i bez dlaka
- ¼ šalice crvene čili papričice, pečene i nasjeckane
- 14 unci konzerviranih rajčica, nasjeckanih
- ¼ šalice cilantra, nasjeckanog
- 2 žlice sriracha umaka
- 1 šalica kokosovog mlijeka
- Sol i crni papar po ukusu
- 2 žlice soka od limete

Upute:

1. Zagrijte tavu s uljem na srednje jakoj vatri, dodajte luk, promiješajte i kuhajte 4 minute.

2. Dodajte papriku i češnjak, promiješajte i kuhajte još 4 minute.
3. Dodajte korijander, rajčice i kozice, promiješajte i kuhajte dok kozice ne porumene.
4. Dodajte kokosovo mlijeko i sriracha umak, promiješajte i pustite da zavrije.
5. Dodajte sol, papar i sok od limete, promiješajte, prebacite u zdjelice i poslužite.

Zabavi se!

Prehrana: kalorija 250, masti 12, vlakna 3, ugljikohidrati 5, proteini 20

Škampi Alfredo

Izgleda nevjerojatno!

Vrijeme pripreme: 10 minuta
Vrijeme kuhanja: 20 minuta
Porcije: 4

Sastojci:

- 8 unci gljiva, nasjeckanih
- 1 vezica šparoga, narezana na srednje komade
- 1 funta škampa, oguljenih i očišćenih od sjemenki
- Sol i crni papar po ukusu
- 1 špageti prerezani na pola
- 2 žlice maslinovog ulja
- 2 žličice talijanskog začina
- 1 žuti luk nasjeckan
- 1 žličica nasjeckane crvene paprike
- ¼ šalice gheeja
- 1 šalica ribanog parmezana
- 2 češnja češnjaka, mljevena
- 1 šalica vrhnja

Upute:

1. Stavite polovice tikvica na obložen lim za pečenje, stavite u pećnicu zagrijanu na 425 stupnjeva F i pecite 40 minuta.
2. Ocijedite unutrašnjost i stavite je u zdjelu.
3. Vodu stavite u šerpu, posolite, zakuhajte na laganoj vatri, dodajte šparoge, pirjajte nekoliko minuta, premjestite u posudu s ledenom vodom, ocijedite i stavite sa strane.
4. Zagrijte tavu s uljem na srednje jakoj vatri, dodajte luk i gljive, promiješajte i kuhajte 7 minuta.
5. Dodajte ljuskice crvene paprike, talijanski začin, sol, papar, bundevu i šparoge, promiješajte i kuhajte još nekoliko minuta.
6. Zagrijte drugu tavu s gheejem na srednjoj vatri, dodajte vrhnje, češnjak i parmezan, promiješajte i kuhajte 5 minuta.
7. U tavu dodajte škampe, promiješajte i kuhajte 7 minuta.
8. Povrće rasporedite po tanjurima, pospite ga kozicama i umakom te poslužite.

Zabavi se!

Prehrana: kalorija 455, masti 6, vlakna 5, ugljikohidrati 4, proteini 13

Juha sa škampima i snijegom

To je jedan od najboljih načina za uživanje u škampima!

Vrijeme pripreme: 10 minuta
Vrijeme kuhanja: 10 minuta
Porcije: 4

Sastojci:

- 4 glavice luka nasjeckane
- 1 ½ žlice kokosovog ulja
- 1 manji korijen đumbira, sitno nasjeckan
- 8 šalica pileće juhe
- ¼ šalice kokosovih aminokiselina
- 5 unci konzerviranih izdanaka bambusa, narezanih
- Crni papar po ukusu
- ¼ žličice ribljeg umaka
- 1 funta škampa, oguljenih i očišćenih od sjemenki
- ½ funte snježnog graška
- 1 žlica sezamovog ulja
- ½ žlice čili ulja

Upute:

1. Zagrijte lonac kokosovog ulja na srednje jakoj vatri, dodajte luk i đumbir, promiješajte i kuhajte 2 minute.
2. Dodajte kokosove aminokiseline, juhu, crni papar i riblji umak, promiješajte i pustite da zavrije.
3. Dodajte kozice, grašak i izdanke bambusa, promiješajte i kuhajte 3 minute.
4. Dodajte sezamovo ulje i ljuto čili ulje, promiješajte, podijelite u zdjelice i poslužite.

Zabavi se!

Prehrana:kalorija 200, masti 3, vlakna 2, ugljikohidrati 4, proteini 14

Jednostavno jelo od dagnji

Sve što vam treba je nekoliko jednostavnih sastojaka za pripremu ukusnog i brzog obroka!

Vrijeme pripreme: 5 minuta
Vrijeme kuhanja: 5 minuta
Porcije: 4

Sastojci:

- 2 kg dagnji očišćenih i opranih
- 2 češnja češnjaka, mljevena
- 1 žlica pročišćenog maslaca
- Sok od limuna

Upute:

1. U šerpu stavite malo vode, dodajte dagnje, zakuhajte na laganoj vatri, kuhajte 5 minuta, ostavite sa strane, bacite neotvorene dagnje i prebacite u zdjelu.
2. U drugoj zdjeli pomiješajte ghee s češnjakom i limunovim sokom, umutite i zagrijte u mikrovalnoj pećnici 1 minutu.
3. Prelijte preko dagnji i odmah poslužite.

Zabavi se!

Prehrana: kalorija 50, masti 1, vlakna 0, ugljikohidrati 0,5, proteini 2

Jednostavni prženi lignji i ukusan umak

Ovo je jedno od naših omiljenih jela od keto lignji!

Vrijeme pripreme: 10 minuta
Vrijeme kuhanja: 20 minuta
Porcije: 2

Sastojci:

- 1 hobotnica, izrezana na srednje kolutiće
- Prstohvat kajenskog papra
- 1 razmućeno jaje
- 2 žlice kokosovog brašna
- Sol i crni papar po ukusu
- Kokosovo ulje za prženje
- 1 žlica soka od limuna
- 4 žlice majoneze
- 1 žličica sriracha umaka

Upute:

1. Kolutiće hobotnice začinite solju, paprom i kajenskom paprikom te stavite u zdjelu.
2. U zdjeli umutiti jaje sa solju, paprom i kokosovim brašnom i dobro umutiti.

3. U ovu smjesu umočite kolutiće lignji.
4. Zagrijte tavu s dovoljnom količinom kokosovog ulja na srednje jakoj vatri, dodajte kolutiće lignji i pržite dok ne porumene s obje strane.
5. Prebacite na upijajući papir, skinite masnoću i stavite u zdjelu.
6. U drugoj zdjeli pomiješajte majonezu s limunovim sokom i sriracha umakom, dobro promiješajte i uz ovaj umak poslužite kolutove lignje.

Zabavi se!

Prehrana: kalorija 345, masti 32, vlakna 3, ugljikohidrati 3, proteini 13

Pečene lignje i kozice

Ovo ketogeno riblje jelo je nevjerojatno!

Vrijeme pripreme: 10 minuta
Vrijeme kuhanja: 20 minuta
Porcije: 1

Sastojci:

- 8 unci lignji, izrezanih na srednje kolutiće
- 7 unci škampa, oguljenih i narezanih
- 1 jaje
- 3 žlice kokosovog brašna
- 1 žlica kokosovog ulja
- 2 žlice nasjeckanog avokada
- 1 žličica paste od rajčice
- 1 žlica majoneze
- Štrcaljka Worcestershire umaka
- 1 žličica soka od limuna
- 2 kriške limuna
- Sol i crni papar po ukusu
- ½ žličice kurkume

Upute:
1. U zdjeli umutite jaje s kokosovim uljem.
2. Dodajte kolutiće lignji i škampe i pomiješajte.
3. U drugoj posudi pomiješajte brašno sa solju, paprom i kurkumom te promiješajte.
4. Odmotajte lignje i škampe u ovu smjesu, sve stavite na obložen lim za pečenje, stavite u pećnicu na 400 stupnjeva F i pecite 10 minuta.
5. Lignje i kozice okrenite i kuhajte još 10 minuta.
6. Za to vrijeme u posudi pomiješajte avokado s majonezom i pastom od rajčice te ih zgnječite vilicom.
7. Dodajte Worcestershire umak, limunov sok, sol i papar i dobro promiješajte.
8. Pečene lignje i kozice rasporedite po tanjurima i poslužite ih zasebno s umakom i limunovim sokom.

Zabavi se!

Prehrana: kalorija 368, masti 23, vlakna 3, ugljikohidrati 10, proteini 34

Salata od hobotnice

Tako je svjež i lagan!

Vrijeme pripreme: 10 minuta
Vrijeme kuhanja: 40 minuta
Porcije: 2

Sastojci:

- 21 unca lignji, ispranih
- Sok od 1 limuna
- 4 štapića celera, nasjeckana
- 3 unce maslinovog ulja
- Sol i crni papar po ukusu
- 4 žlice nasjeckanog peršina

Upute:

1. Hobotnicu stavite u lonac, prelijte vodom, poklopite lonac, zakuhajte na laganoj vatri, kuhajte 40 minuta, ocijedite i ostavite da se ohladi.
2. Nasjeckajte hobotnicu i stavite je u zdjelu za salatu.
3. Dodajte stabljike celera, peršin, ulje i sok od limuna i dobro promiješajte.

4. Začinite solju i paprom, ponovno promiješajte i poslužite.

Zabavi se!

Prehrana: kalorija 140, masti 10, vlakna 3, ugljikohidrati 6, proteini 23

Juha od dagnji

Savršena je za vrlo hladne zimske dane!

Vrijeme pripreme: 10 minuta
Vrijeme kuhanja: 2 sata
Porcije: 4

Sastojci:

- 1 šalica nasjeckanih štapića celera
- Sol i crni papar po ukusu
- 1 žličica majčine dušice, mljevene
- 2 šalice pileće juhe
- 14 unci konzerviranih školjki
- 2 šalice vrhnja za šlag
- 1 šalica luka, nasjeckanog
- 13 kriški slanine, narezane na ploške

Upute:

1. Zagrijte tavu na srednjoj vatri, dodajte ploške slanine, zažutite ih i prebacite u zdjelu.
2. Zagrijte istu tavu na srednjoj vatri, dodajte celer i luk, promiješajte i kuhajte 5 minuta.

3. Sve prebacite u Crockpot, dodajte slaninu, dagnje, sol, papar, juhu, majčinu dušicu i vrhnje, promiješajte i kuhajte na jakoj vatri 2 sata.
4. Podijelite u zdjelice i poslužite.

Zabavi se!

Prehrana:kalorija 420, masti 22, vlakna 0, ugljikohidrati 5, proteini 25

Ukusni iverak i kozice

Upravo ste imali priliku naučiti odličan keto recept!

Vrijeme pripreme: 10 minuta
Vrijeme kuhanja: 20 minuta
Porcije: 4

Sastojci:

Ukus:

- 2 žličice luka u prahu
- 2 žličice suhe majčine dušice
- 2 žličice slatke paprike
- 2 žličice češnjaka u prahu
- Sol i crni papar po ukusu
- ½ žličice pimenta, mljevenog
- 1 žličica sušenog origana
- Prstohvat kajenskog papra
- ¼ žličice mljevenog muškatnog oraščića
- ¼ žličice klinčića
- Prstohvat mljevenog cimeta

Za etouffè:

- 2 ljutike, nasjeckane

- 1 žlica pročišćenog maslaca
- 8 unci slanine, narezane na kriške
- 1 zelena paprika, nasjeckana
- 1 stabljika celera, nasjeckana
- 2 žlice kokosovog brašna
- 1 rajčica, nasjeckana
- 4 češnja češnjaka, nasjeckana
- 8 unci škampa, oguljenih, obrezanih i nasjeckanih
- 2 šalice pileće juhe
- 1 žlica kokosovog mlijeka
- Šaka nasjeckanog peršina
- 1 žličica Tabasco umaka
- Sol i crni papar po ukusu

Za iverak:

- 4 fileta iverka
- 2 žlice pročišćenog maslaca

Upute:

1. U zdjeli pomiješajte papriku s majčinom dušicom, češnjakom i lukom u prahu, solju, paprom, origanom, alevom paprikom, kajenskim paprom, klinčićima, muškatnim oraščićem i cimetom te promiješajte.
2. Odvojite 2 žlice ove smjese, a ostatak premažite po iverku i ostavite sa strane.
3. Zagrijte tavu na srednjoj vatri, dodajte slaninu, promiješajte i kuhajte 6 minuta.
4. Dodajte celer, papar, ljutiku i 1 žlicu pročišćenog maslaca, promiješajte i kuhajte 4 minute.
5. Dodajte rajčicu i češnjak, promiješajte i kuhajte 4 minute.
6. Dodajte kokosovo brašno i sačuvane začine, promiješajte i kuhajte još 2 minute.
7. Dodajte pileću juhu i pustite da zavrije.
8. U međuvremenu zagrijte tavu s 2 žlice pročišćenog maslaca na srednje jakoj vatri, dodajte ribu, kuhajte 2 minute, okrenite i narežite još 2 minute.
9. U tavu s juhom dodajte kozice, promiješajte i kuhajte 2 minute.
10. Dodajte peršin, sol, papar, kokosovo mlijeko i Tabasco umak, promiješajte i maknite s vatre.

11. Ribu rasporedite po tanjurima, prelijte umakom od kozica i poslužite.

Zabavi se!

Prehrana:kalorija 200, masti 5, vlakna 7, ugljikohidrati 4, proteini 20

Salata od kozica

Poslužite ovu svježu salatu večeras za večeru!

Vrijeme pripreme: 10 minuta
Vrijeme kuhanja: 10 minuta
Porcije: 4

Sastojci:

- 2 žlice maslinovog ulja
- 1 funta škampa, oguljenih i očišćenih od sjemenki
- Sol i crni papar po ukusu
- 2 žlice soka od limete
- 3 endivije, listovi odvojeni
- 3 žlice nasjeckanog peršina
- 2 žličice nasjeckane metvice
- 1 žlica nasjeckanog estragona
- 1 žlica soka od limuna
- 2 žlice majoneze
- 1 žličica korice limete
- ½ šalice kiselog vrhnja

Upute:

1. U zdjelu prelijte kozice sa soli, paprom i maslinovim uljem, istresite i rasporedite po obloženom plehu.
2. Stavite škampe u pećnicu zagrijanu na 400 stupnjeva F i pecite 10 minuta.
3. Dodajte sok limete, ponovno promiješajte da se prekrije i za sada ostavite sa strane.
4. U zdjeli pomiješajte majonezu s kiselim vrhnjem, koricom limete, limunovim sokom, solju, paprom, estragonom, metvicom i peršinom i dobro promiješajte.
5. Narežite škampe, dodajte preljevu za salatu, promiješajte i prelijte preko listova endivije.
6. Poslužite odmah.

Zabavi se!

Prehrana: kalorija 200, masti 11, vlakna 2, ugljikohidrati 1, proteini 13

Ukusne kamenice

Ovo posebno i ukusno jelo je tu da vas oduševi!

Vrijeme pripreme: 10 minuta
Vrijeme kuhanja: 0 minuta
Porcije: 4

Sastojci:
- 12 kamenica, oljuštenih
- Sok od 1 limuna
- Sok od 1 naranče
- Kora 1 naranče
- Sok od 1 limete
- Korica 1 limete
- 2 žlice kečapa
- 1 serrano čili papričica, nasjeckana
- 1 šalica soka od rajčice
- ½ žličice đumbira, naribanog
- ¼ žličice češnjaka, mljevenog
- Posolite po ukusu
- ¼ šalice maslinovog ulja
- ¼ šalice cilantra, nasjeckanog

- ¼ šalice nasjeckanog luka

Upute:
1. U zdjeli pomiješajte limunov sok, narančin sok, narančinu koricu, sok i koricu limete, kečap, čili papričicu, sok od rajčice, đumbir, češnjak, ulje, luk, korijander i sol te dobro promiješajte.
2. Ulijte ga u kamenice i poslužite.

Zabavi se!

Prehrana: kalorija 100, masti 1, vlakna 0, ugljikohidrati 2, proteini 5

Nevjerojatne rolice od lososa

Ovo azijsko jelo jednostavno je ukusno!

Vrijeme pripreme: 10 minuta
Vrijeme kuhanja: 0 minuta
Porcije: 12

Sastojci:

- 2 nori sjemenke
- 1 manji avokado, bez koštice, oguljen i sitno nasjeckan
- 6 unci dimljenog lososa. Narezan na kriške
- 4 unce krem sira
- 1 krastavac, izrezan na ploške
- 1 žličica wasabi paste
- Đumbir ubran za posluživanje

Upute:

1. Stavite nori listove na podlogu za sushi.
2. Po vrhu rasporedite ploške lososa, kao i ploške avokada i krastavca.
3. Pomiješajte krem sir s wasabi pastom u zdjeli i dobro promiješajte.

4. Ploške krastavca rasporedite po ploškama, zarolajte listove nori alge, dobro pritisnite, svaku prerežite na 6 dijelova i poslužite s ukiseljenim đumbirom.

Zabavi se!

Prehrana: kalorija 80, masti 6, vlakna 1, ugljikohidrati 2, proteini 4

Ražnjići od lososa

Lako se pripremaju i jako su zdravi!

Vrijeme pripreme: 10 minuta
Vrijeme kuhanja: 8 minuta
Porcije: 4

Sastojci:

- 12 unci fileta lososa, narezanog na kockice
- 1 glavica crvenog luka, narezana na kockice
- ½ crvene paprike narezane na kockice
- ½ zelene paprike narezane na kockice
- ½ narančaste paprike narezane na komadiće
- Sok od 1 limuna
- Sol i crni papar po ukusu
- Kap maslinovog ulja

Upute:

1. Nanizati ražnjiće s lukom, crvenom, zelenom i narančastom paprikom i kockicama lososa.
2. Posolite ih, popaprite, pokapajte uljem i limunovim sokom te stavite na roštilj zagrijan na srednje jaku temperaturu.

3. Pecite 4 minute po strani, podijelite na tanjure i poslužite.

Zabavi se!

Prehrana: kalorija 150, masti 3, vlakna 6, ugljikohidrati 3, proteini 8

Škampi na žaru

Ovo je savršeno! Samo pogledajte!

Vrijeme pripreme: 20 minuta
Vrijeme kuhanja: 10 minuta
Porcije: 4

Sastojci:

- 1 funta škampa, oguljenih i očišćenih od sjemenki
- 1 žlica soka od limuna
- 1 režanj češnjaka, samljeven
- ½ šalice listova bosiljka
- 1 žlica prženih pinjola
- 2 žlice ribanog parmezana
- 2 žlice maslinovog ulja
- Sol i crni papar po ukusu

Upute:

1. U sjeckalici pomiješajte parmezan s bosiljkom, češnjakom, pinjolima, uljem, soli, paprom i limunovim sokom te dobro promiješajte.
2. Prebacite ga u zdjelu, dodajte kozice, promiješajte i ostavite sa strane 20 minuta.

3. Nabodite ražnjiće s mariniranim kozicama, stavite ih na prethodno zagrijani roštilj na srednje jaku vatru, pecite 3 minute, okrenite i pecite još 3 minute.
4. Rasporedite na tanjure i poslužite.

Zabavi se!

Prehrana: kalorija 185, masti 11, vlakna 0, ugljikohidrati 2, proteini 13

Salata od liganja

Odličan izbor za ljetne dane!

Vrijeme pripreme: 30 minuta
Vrijeme kuhanja: 4 minute
Porcije: 4

Sastojci:

- 2 duga crvena čilija, nasjeckana
- 2 mala crvena čilija, nasjeckana
- 2 češnja češnjaka, mljevena
- 3 zelena luka, nasjeckana
- 1 žlica balzamičnog octa
- Sol i crni papar po ukusu
- Sok od 1 limuna
- Kukuljice lignje od 6 lb, ticala zadržana
- 3,5 unce maslinovog ulja
- 3 unce rukole za posluživanje

Upute:

1. U zdjeli pomiješajte duge crvene papričice s malim crvenim papričicama, mladi luk, ocat, pola ulja, češnjak, sol, papar i limunov sok te dobro promiješajte.

2. Lignje i pipke stavite u zdjelu, posolite i popaprite, pokapajte ostatkom ulja, pomiješajte i stavite na roštilj zagrijan na srednje jako.
3. Pecite 2 minute sa svake strane i prebacite ih u marinadu od čilija koju ste pripremili.
4. Promiješajte i ostavite sa strane 30 minuta.
5. Rasporedite rukolu na tanjure, pospite lignjama i marinadom i poslužite.

Zabavi se!

Prehrana: kalorija 200, masti 4, vlakna 2, ugljikohidrati 2, proteini 7

Salata od bakalara

Uvijek se isplati isprobati nešto novo!

Vrijeme pripreme: 2 sata i 10 minuta
Vrijeme kuhanja: 20 minuta
Porcije: 8

Sastojci:
- 2 šalice nasjeckane paprike
- 2 funte bakalara
- 1 šalica nasjeckanog peršina
- 1 šalica Kalamata maslina, bez koštica i nasjeckanih
- 6 žlica kapara
- ¾ šalice maslinovog ulja
- Sol i crni papar po ukusu
- Sok od 2 limuna
- 4 češnja češnjaka, nasjeckana
- 2 rebra celera, nasjeckana
- ½ žličice pahuljica crvene čili papričice
- 1 glavica escarole, odvojeni listovi

Upute:

1. Bakalar stavite u posudu, prelijte vodom, pustite da zavrije na laganoj vatri, kuhajte 20 minuta, ocijedite i narežite na srednje komade.
2. Bakalar stavite u zdjelu za salatu, dodajte papriku, peršin, masline, kapare, celer, češnjak, limunov sok, sol, papar, maslinovo ulje i papričice te promiješajte.
3. Na tanjur posložite listiće escarole, dodajte salatu od bakalara i poslužite.

Zabavi se!

Prehrana: kalorija 240, masti 4, vlakna 2, ugljikohidrati 6, proteini 9

Salata sa sardinama

To je bogata i hranjiva zimska salata koju morate uskoro probati!

Vrijeme pripreme: 10 minuta
Vrijeme kuhanja: 0 minuta
Porcije: 1

Sastojci:

- 5 unci konzerviranih sardina u ulju
- 1 žlica soka od limuna
- 1 manji krastavac, narezan na ploške
- ½ žličice senfa
- Sol i crni papar po ukusu

Upute:

1. Srdele ocijedite, stavite u zdjelu i zgnječite vilicom.
2. Dodajte sol, papar, krastavac, limunov sok i senf, dobro promiješajte i poslužite hladno.

Zabavi se!

Prehrana: kalorija 200, masti 20, vlakna 1, ugljikohidrati 0, proteini 20

Talijanski užitak od dagnji

To je poseban talijanski užitak! Poslužite ovaj izvrstan obrok svojoj obitelji!

Vrijeme pripreme: 10 minuta
Vrijeme kuhanja: 10 minuta
Porcije: 6

Sastojci:

- ½ šalice gheeja
- 36 čahura, očišćene
- 1 žličica nasjeckane crvene paprike
- 1 žličica nasjeckanog peršina
- 5 češnja češnjaka, mljevenog
- 1 žlica sušenog origana
- 2 čaše bijelog vina

Upute:

1. Zagrijte tavu s gheejem na srednjoj vatri, dodajte češnjak, promiješajte i kuhajte 1 minutu.
2. Dodajte peršin, origano, vino i papričice i dobro promiješajte.

3. Dodajte dagnje, promiješajte, poklopite i kuhajte 10 minuta.
4. Neotvorene školjke, dagnje i njihovu mješavinu bacite u zdjelice i poslužite.

Zabavi se!

Prehrana: kalorija 224, masti 15, vlakna 2, ugljikohidrati 3, proteini 4

Losos glaziran narančom

Morate ga uskoro isprobati! Ovo je izvrstan recept za keto ribu!

Vrijeme pripreme: 10 minuta
Vrijeme kuhanja: 10 minuta
Porcije: 2

Sastojci:

- 2 limuna, izrezana na kriške
- 1 funta divljeg lososa, oguljenog i narezanog na kockice
- ¼ šalice balzamičnog octa
- ¼ šalice soka od crvene naranče
- 1 žličica kokosovog ulja
- 1/3 šalice marmelade od naranče, bez dodanog šećera

Upute:

1. Zagrijte tavu na srednje jakoj vatri, dodajte ocat, sok od naranče i pekmez, dobro promiješajte, ostavite da kuha 1 minutu, smanjite vatru, kuhajte dok se malo ne zgusne i ugasite vatru.
2. Ploške lososa i limuna posložite na ražnjiće te ih s jedne strane premažite glazurom od naranče.

3. Premažite rešetku za pečenje kokosovim uljem i zagrijte na srednjoj vatri.
4. Ražnjiće lososa stavite na roštilj, glaziranom stranom prema dolje i pecite 4 minute.
5. Ćevap okrenite, prelijte ostatkom glazure od naranče i kuhajte još 4 minute.
6. Poslužite odmah.

Zabavi se!

Prehrana: kalorija 160, masti 3, vlakna 2, ugljikohidrati 1, proteini 8

Ukusna tuna i chimichurri umak

Tko ne bi volio ovaj keto obrok?

Vrijeme pripreme: 10 minuta
Vrijeme kuhanja: 5 minuta
Porcije: 4

Sastojci:

- ½ šalice cilantra, nasjeckanog
- 1/3 šalice maslinovog ulja
- 2 žlice maslinovog ulja
- 1 manja glavica crvenog luka nasjeckana
- 3 žlice balzamičnog octa
- 2 žlice nasjeckanog peršina
- 2 žlice nasjeckanog bosiljka
- 1 jalapeño papričica, nasjeckana
- 1 lb odrezaka sushi tune
- Sol i crni papar po ukusu
- 1 žličica pahuljica crvene paprike
- 1 žličica majčine dušice, nasjeckane
- Prstohvat kajenskog papra
- 3 češnja češnjaka, nasjeckana

- 2 avokada, bez koštica, oguljena i narezana na ploške
- 6 unci male rikule

Upute:

1. U zdjeli pomiješajte 1/3 šalice ulja s jalapeñom, octom, lukom, cilantrom, bosiljkom, češnjakom, peršinom, listićima crvene paprike, majčinom dušicom, kajenskom paprikom, soli i paprom, dobro promiješajte i za sada ostavite sa strane.
2. Zagrijte tavu s ostatkom ulja na srednje jakoj vatri, dodajte tunjevinu, posolite i popaprite, pecite je 2 minute sa svake strane, premjestite na tanjur, ostavite da se malo ohladi i narežite.
3. Pomiješajte rikulu s polovicom mješavine chimichurrija koju ste napravili i ubacite u premaz.
4. Podijelite rikulu na tanjure, ukrasite ploškama tune, prelijte ostatkom chimichurri umaka i poslužite zasebno s ploškama avokada.

Zabavi se!

Prehrana: kalorija 186, masti 3, vlakna 1, ugljikohidrati 4, proteini 20

Losos i čili umak

Ovo je super i super ukusna kombinacija!

Vrijeme pripreme: 10 minuta
Vrijeme kuhanja: 15 minuta
Porcije: 6

Sastojci:

- 1 ¼ šalice kokosa, osušenog i nezaslađenog
- 1 funta lososa narezanog na kockice
- 1 jaje
- Sol i crni papar
- 1 žlica vode
- 1/3 šalice kokosovog brašna
- 3 žlice kokosovog ulja

Za umak:

- ¼ žličice agar agara
- 3 češnja češnjaka, nasjeckana
- ¾ šalice vode
- 4 tajlandske crvene čili papričice, nasjeckane
- ¼ šalice balzamičnog octa
- ½ šalice stevije

- Prstohvat soli

Upute:
1. U zdjeli pomiješajte brašno sa soli i paprom i promiješajte.
2. U drugoj zdjeli umutite jaje i 1 žlicu vode.
3. U treću zdjelu stavite kokos.
4. Kockice lososa umočite u brašno, jaje pa kokos i posložite na tanjur.
5. Zagrijte tavu s kokosovim uljem na srednje jakoj vatri, dodajte komade lososa, pržite 3 minute sa svake strane i prebacite na papirnate ručnike.
6. Zagrijte tavu s ¾ šalice vode na jakoj vatri, pospite agar agar i pustite da prokuha.
7. Kuhajte 3 minute i maknite s vatre.
8. Pomiješajte češnjak s čili papričicom, octom, stevijom i prstohvatom soli u blenderu i dobro izmiješajte.
9. Prebacite u manju tavu i zagrijte na srednje jakoj vatri.
10. Promiješajte, dodajte mješavinu agara i kuhajte 3 minute.
11. Poslužite svoje komade lososa s čili umakom sa strane.

Zabavi se!

Prehrana: kalorija 50, masti 2, vlakna 0, ugljikohidrati 4, proteini 2

irske školjke

Ovo je super ideja za večeru!

Vrijeme pripreme: 10 minuta
Vrijeme kuhanja: 10 minuta
Porcije: 4

Sastojci:
- 2 kg dagnji, očišćenih
- 3 unce slanine
- 1 žlica maslinovog ulja
- 3 žlice pročišćenog maslaca
- 2 češnja češnjaka, mljevena
- 1 boca infuziranog jabučnog cidera
- Sol i crni papar po ukusu
- Sok od ½ limuna
- 1 manja zelena jabuka, nasjeckana
- 2 grančice timijana, nasjeckane

Upute:
1. Zagrijte tavu s uljem na srednje jakoj vatri, dodajte slaninu, pržite 3 minute i smanjite vatru na srednje.

2. Dodajte ghee, češnjak, sol, papar i ljutiku, promiješajte i kuhajte 3 minute.
3. Ponovo pojačajte vatru, dodajte mošt, dobro promiješajte i kuhajte 1 minutu.
4. Dodajte dagnje i majčinu dušicu, poklopite tavu i pirjajte 5 minuta.
5. Neotvorene dagnje bacite, dodajte limunov sok i komadiće jabuke, promiješajte i podijelite u zdjelice.
6. Poslužite vruće.

Zabavi se!

Prehrana:kalorija 100, masti 2, vlakna 1, ugljikohidrati 1, proteini 20

Pečene dagnje i pečeno grožđe

Posebna prilika zahtijeva poseban obrok! Probajte ove keto dagnje!

Vrijeme pripreme: 5 minuta
Vrijeme kuhanja: 10 minuta
Porcije: 4

Sastojci:
- Jakobove kapice od 1 lb
- 3 žlice maslinovog ulja
- 1 ljutika, nasjeckana
- 3 češnja češnjaka, nasjeckana
- 2 šalice špinata
- 1 šalica pileće juhe
- 1 glavica salate romanesco
- 1 ½ šalice crvenog grožđa, prepolovljeno
- ¼ šalice oraha, prženih i nasjeckanih
- 1 žlica pročišćenog maslaca
- Sol i crni papar po ukusu

Upute:
1. Romanesco stavite u multipraktik, izblendajte i prebacite u zdjelu.

2. Zagrijte tavu s 2 žlice ulja na srednje jakoj vatri, dodajte ljutiku i češnjak, promiješajte i kuhajte 1 minutu.
3. Dodajte romanesco, špinat i 1 šalicu juhe, promiješajte, kuhajte 3 minute, pomiješajte uronjenom miješalicom i maknite s vatre.
4. Zagrijte drugu tavu s 1 žlicom ulja i gheeom na srednje jakoj vatri, dodajte dagnje, začinite solju i paprom, kuhajte 2 minute, okrenite i kuhajte još 1 minutu.
5. Romanesco smjesu podijelite na tanjure, posebno dodajte jakobove kapice, pospite orasima i grožđem i poslužite.

Zabavi se!

Prehrana: kalorija 300, masti 12, vlakna 2, ugljikohidrati 6, proteini 20

Kamenice i Pico de Gallo

Začinjeno je i jako ukusno!

Vrijeme pripreme: 10 minuta
Vrijeme kuhanja: 10 minuta
Porcije: 6

Sastojci:
- 18 oljuštenih kamenica
- Šaka korijandera, nasjeckanog
- 2 rajčice, nasjeckane
- 1 jalapeño papričica, nasjeckana
- ¼ šalice crvenog luka, sitno nasjeckanog
- Sol i crni papar po ukusu
- ½ šalice Monterey Jack sira, naribanog
- 2 limete, izrezane na kriške
- Sok od 1 limete

Upute:
1. U zdjeli pomiješajte luk s jalapeñom, cilantrom, rajčicama, soli, paprom i sokom limete te dobro promiješajte.

2. Stavite kamenice na prethodno zagrijani roštilj na srednje jaku vatru, pokrijte roštilj i pecite 7 minuta dok se ne otvore.
3. Prebacite otvorene kamenice u zdjelu otpornu na toplinu i bacite sve neotvorene.
4. Pospite sir preko kamenica i stavite ih na zagrijani roštilj na 1 minutu.
5. Kamenice složite na tanjure, svaki napunite prethodno pripremljenom smjesom od rajčica i poslužite s kriškama limete sa strane.

Zabavi se!

Prehrana: kalorija 70, masti 2, vlakna 0, ugljikohidrati 1, proteini 1

Hobotnica na žaru i ukusni guacamole

Hobotnica se savršeno slaže s ukusnim guacamoleom!

Vrijeme pripreme: 10 minuta
Vrijeme kuhanja: 10 minuta
Porcije: 2

Sastojci:

- 2 srednje hobotnice, pipci odvojeni i cijevi prerezane po dužini
- Kap maslinovog ulja
- Sok od 1 limete
- Sol i crni papar po ukusu

Za guacamole:

- 2 avokada, bez koštica, oguljena i nasjeckana
- Nekoliko nasjeckanih listova korijandera
- 2 crvena čilija, nasjeckana
- 1 rajčica, nasjeckana
- 1 glavica crvenog luka nasjeckana
- Sok od 2 limete

Upute:

1. Hobotnicu i pipke posolite, popaprite, pokapajte maslinovim uljem i dobro umasirajte.
2. Stavite na prethodno zagrijani roštilj na srednje jaku vatru, rasječenom stranom prema dolje i pecite 2 minute.
3. Okrenite i kuhajte još 2 minute te prebacite u zdjelu.
4. Dodajte sok od 1 limete, promiješajte i držite na toplom.
5. Stavite avokado u zdjelu i zgnječite ga vilicom.
6. Dodajte korijander, čili, rajčicu, luk i sok od 2 limete i sve dobro promiješajte.
7. Podijelite hobotnicu na tanjure, napunite je guacamoleom i poslužite.

Zabavi se!

Prehrana: kalorija 500, masti 43, vlakna 6, ugljikohidrati 7, proteini 20

Užitak od škampa i cvjetače

Izgleda odlično, a okus je nevjerojatan!

Vrijeme pripreme: 10 minuta
Vrijeme kuhanja: 15 minuta
Porcije: 2

Sastojci:

- 1 žlica pročišćenog maslaca
- 1 glavica karfiola, odvojeni cvjetovi
- 1 funta škampa, oguljenih i očišćenih od sjemenki
- ¼ šalice kokosovog mlijeka
- 8 unci gljiva, grubo nasjeckanih
- Prstohvat čili pahuljica
- Sol i crni papar po ukusu
- 2 češnja češnjaka, mljevena
- 4 kriške slanine
- ½ šalice goveđe juhe
- 1 žlica peršina, sitno nasjeckanog
- 1 žlica nasjeckanog vlasca

Upute:

1. Zagrijte tavu na srednje jakoj vatri, dodajte slaninu, kuhajte dok ne postane hrskava, prebacite na papirnate ručnike i ostavite sa strane.
2. Zagrijte drugu tavu s 1 žlicom masti od slanine na srednje jakoj vatri, dodajte kozice, pecite 2 minute sa svake strane i prebacite u zdjelu.
3. Ponovno zagrijte tavu na srednju temperaturu, dodajte gljive, promiješajte i kuhajte 3-4 minute.
4. Dodajte češnjak, papar u listićima, promiješajte i kuhajte 1 minutu.
5. Dodajte goveđu juhu, posolite i popaprite te također vratite škampe u tavu.
6. Promiješajte, kuhajte dok se sve malo ne zgusne, ugasite vatru i držite na toplom.
7. Za to vrijeme u sjeckalicu stavite cvjetaču i nasjeckajte je.
8. Stavite u zagrijanu tavu na srednje jaku vatru, promiješajte i kuhajte 5 minuta.
9. Dodajte pročišćeni maslac i maslac, promiješajte i izmiješajte uronjenom miješalicom.
10. Posolite i popaprite po ukusu, pomiješajte i podijelite u zdjelice.
11. Po vrhu pospite mješavinu kozica i poslužite s peršinom i vlascem posutim po cijeloj površini.

Zabavi se!

Prehrana:kalorija 245, masti 7, vlakna 4, ugljikohidrati 6, proteini 20

Losos punjen kozicama

Ovo će brzo postati jedan od vaših omiljenih keto recepata!

Vrijeme pripreme: 10 minuta
Vrijeme kuhanja: 25 minuta
Porcije: 2

Sastojci:

- 2 fileta lososa
- Kap maslinovog ulja
- 5 unci tigrastih račića, oguljenih, obrezanih i nasjeckanih
- 6 gljiva nasjeckanih
- 3 zelena luka, nasjeckana
- 2 šalice špinata
- ¼ šalice oraha makadamije, prženih i nasjeckanih
- Sol i crni papar po ukusu
- Prstohvat muškatnog oraščića
- ¼ šalice majoneze

Upute:

1. Zagrijte tavu s uljem na srednje jakoj vatri, dodajte gljive, luk, sol i papar, promiješajte i kuhajte 4 minute.

2. Dodajte makadamija orahe, promiješajte i kuhajte 2 minute.
3. Dodajte špinat, promiješajte i kuhajte 1 minutu.
4. Dodajte škampe, promiješajte i kuhajte 1 minutu.
5. Maknite s vatre, ostavite sa strane nekoliko minuta, dodajte majonezu i muškatni oraščić te dobro promiješajte.
6. Svaki file lososa prerežite po dužini, pospite solju i paprom, smjesu špinata i kozica podijelite na ploške i posložite na radnu površinu.
7. Zagrijte tavu s malo ulja na srednje jakoj vatri, dodajte punjeni losos, s kožom prema dolje, pržite 1 minutu, smanjite temperaturu, pokrijte tavu i kuhajte 8 minuta.
8. Pecite na roštilju 3 minute, podijelite na tanjure i poslužite.

Zabavi se!

Prehrana: kalorija 430, masti 30, vlakna 3, ugljikohidrati 7, proteini 50

Losos glaziran senfom

Ovo je jedno od naših omiljenih jela od keto lososa! Osjećat ćete se isto!

Vrijeme pripreme: 10 minuta
Vrijeme kuhanja: 20 minuta
Porcije: 1

Sastojci:

- 1 veliki file lososa
- Sol i crni papar po ukusu
- 2 žlice senfa
- 1 žlica kokosovog ulja
- 1 žlica ekstrakta javora

Upute:

1. Pomiješajte ekstrakt javora sa senfom u zdjeli i dobro promiješajte.
2. Losos posolite i popaprite te pokrijte polovicom smjese senfa
3. Zagrijte tavu s uljem na srednje jakoj vatri, stavite losos mesom prema dolje i pržite ga 5 minuta.

4. Premažite lososa ostatkom smjese senfa, prebacite ga u lim za pečenje, stavite u pećnicu zagrijanu na 425 stupnjeva F i pecite 15 minuta.
5. Poslužuje se uz ukusnu salatu kao prilog.

Zabavi se!

Prehrana: kalorija 240, masti 7, vlakna 1, ugljikohidrati 5, proteini 23

Nevjerojatno jelo od lososa

Učinit ćete to opet i opet!

Vrijeme pripreme: 10 minuta
Vrijeme kuhanja: 15 minuta
Porcije: 4

Sastojci:
- 3 šalice ledene vode
- 2 žličice sriracha umaka
- 4 žličice stevije
- 3 glavice luka nasjeckane
- Sol i crni papar po ukusu
- 2 žličice lanenog ulja
- 4 žlice jabučnog octa
- 3 žlice ulja avokada
- 4 fileta lososa srednje veličine
- 4 šalice mlade rikule
- 2 šalice kupusa, sitno nasjeckanog
- 1 ½ čajna žličica jamajčanske jerk paprike
- ¼ šalice pepita, prepečenih
- 2 šalice rotkvica od lubenice, julienned

Upute:
1. Stavite ledenu vodu u zdjelu, dodajte luk i ostavite sa strane.
2. U drugoj zdjeli pomiješajte sriracha umak sa stevijom i dobro promiješajte.
3. 2 žličice ove mješavine prebacite u zdjelu i pomiješajte s pola ulja avokada, lanenog ulja, octa, soli i papra te dobro umutite.
4. Pospite losos začinima, prekrijte mješavinom sriracha-stevije i začinite solju i paprom.
5. Zagrijte tavu s ostatkom ulja od avokada na srednje jakoj vatri, dodajte lososa, mesom prema dolje, kuhajte 4 minute, okrenite i kuhajte još 4 minute te podijelite na tanjure.
6. U zdjeli pomiješajte rotkvice sa kupusom i rukolom.
7. Dodajte sol, papar, srirachu i ocat te dobro promiješajte.
8. Dodajte ga filetima lososa, začinite preostalim sriracha umakom i stevijom te ukrasite pepitama i ocijeđenim lukom.

Zabavi se!

Prehrana: kalorija 160, masti 6, vlakna 1, ugljikohidrati 1, proteini 12

Jakobove kapice i umak od komorača

Sadrži mnogo zdravih elemenata i lako se priprema! Probajte ako ste na keto dijeti!

Vrijeme pripreme: 10 minuta
Vrijeme kuhanja: 10 minuta
Porcije: 2

Sastojci:

- 6 jakobovih kapica
- 1 komorač, oguljene, nasjeckane listove i luk narezan na polumjesece
- Sok od ½ limete
- 1 limeta, izrezana na kriške
- Korica 1 limete
- 1 žumanjak
- 3 žlice pročišćenog maslaca, otopljenog i zagrijanog
- ½ žlice maslinovog ulja
- Sol i crni papar po ukusu

Upute:

1. Dagnje začinite solju i paprom, stavite u zdjelu i prelijte s polovicom soka limete i polovicom korice i pomiješajte.
2. U zdjeli pomiješajte žumanjak s malo soli i papra, ostatak soka limete i ostatak korice limete te dobro umutite.
3. Dodajte otopljeni ghee i dobro promiješajte.
4. Dodajte listove komorača i promiješajte.
5. Koromače premažite uljem, stavite na prethodno zagrijani roštilj na srednje jaku temperaturu, pržite ih 2 minute, okrenite i pecite još 2 minute.
6. Jakobove kapice dodajte na roštilj, kuhajte 2 minute, okrenite ih i pecite još 2 minute.
7. Podijelite komorač i jakobove kapice na tanjure, pokapajte mješavinom komorača i pročišćenog maslaca i poslužite s kriškama limete sa strane.

Zabavi se!

Prehrana: kalorija 400, masti 24, vlakna 4, ugljikohidrati 12, proteini 25

Okus lososa i limuna

Uživajte u sporo pečenom lososu i izvrsnom okusu!

Vrijeme pripreme: 10 minuta
Vrijeme kuhanja: 1 sat
Porcije: 2

Sastojci:

- 2 srednje velika fileta lososa
- Sol i crni papar po ukusu
- Kap maslinovog ulja
- 1 ljutika, nasjeckana
- 1 žlica soka od limuna
- 1 veliki limun
- ¼ šalice maslinovog ulja
- 2 žlice peršina, sitno nasjeckanog

Upute:

1. Filete lososa premažite malo maslinovim uljem, pospite solju i paprom, stavite na obložen lim za pečenje, stavite u pećnicu zagrijanu na 400 stupnjeva F i pecite 1 sat.

2. U međuvremenu u zdjelu stavite ljutiku, dodajte 1 žlicu limunovog soka, sol i papar, promiješajte i ostavite da odstoji 10 minuta.
3. Cijeli limun narežite na kriške, a zatim vrlo tanko.
4. Dodajte ga ljutiku, peršinu i ¼ šalice maslinovog ulja i promiješajte da se sjedini.
5. Izvadite losos iz pećnice, narežite ga na srednje komade i poslužite s koricom limuna sa strane.

Zabavi se!

Prehrana: kalorija 200, masti 10, vlakna 1, ugljikohidrati 5, proteini 20

Juha od dagnji

O moj Bože! Ovo je tako lijepo!

Vrijeme pripreme: 10 minuta
Vrijeme kuhanja: 15 minuta
Porcije: 6

Sastojci:

- 2 kg školjki
- 28 unci konzerviranih rajčica, zdrobljenih
- 28 unci konzerviranih rajčica, nasjeckanih
- 2 šalice pileće juhe
- 1 žličica nasjeckane crvene paprike
- 3 češnja češnjaka, nasjeckana
- 1 šaka nasjeckanog peršina
- 1 žuti luk nasjeckan
- Sol i crni papar po ukusu
- 1 žlica maslinovog ulja

Upute:

1. Zagrijte pećnicu s uljem na srednje jakoj vatri, dodajte luk, promiješajte i kuhajte 3 minute.
2. Dodajte češnjak i čili, promiješajte i kuhajte 1 minutu.

3. Dodajte zgnječene i nasjeckane cherry rajčice i promiješajte.
4. Dodajte pileću juhu, sol i papar, promiješajte i pustite da zavrije.
5. Dodajte oprane dagnje, posolite i popaprite, kuhajte dok se ne otvore, neotvorene bacite i pomiješajte s peršinom.
6. Promiješajte, podijelite u zdjelice i poslužite.

Zabavi se!

Prehrana: kalorija 250, masti 3, vlakna 3, ugljikohidrati 2, proteini 8

Umak od sabljarke i manga

Salsa od manga je božanstvena! Samo mačem služi!

Vrijeme pripreme: 10 minuta
Vrijeme kuhanja: 6 minuta
Porcije: 2

Sastojci:

- 2 srednja odreska sabljarke
- Sol i crni papar po ukusu
- 2 žličice ulja avokada
- 1 žlica korijandera, nasjeckanog
- 1 mango, nasjeckan
- 1 avokado, bez koštice, oguljen i nasjeckan
- Prstohvat kima
- Prstohvat luka u prahu
- Prstohvat češnjaka u prahu
- 1 naranča, oguljena i narezana
- ½ balzamičnog octa

Upute:

1. Riblje odreske začinite solju, paprom, češnjakom u prahu, lukom u prahu i kuminom.

2. Zagrijte tavu s pola ulja na srednje jakoj vatri, dodajte riblje odreske i pecite ih 3 minute sa svake strane.
3. Za to vrijeme u zdjeli pomiješajte avokado s mangom, korijanderom, balzamičnim octom, soli, paprom i ostatkom ulja te dobro promiješajte.
4. Podijelite ribu na tanjure, ukrasite umakom od manga i poslužite s kriškama naranče sa strane.

Zabavi se!

Prehrana: kalorija 160, masti 3, vlakna 2, ugljikohidrati 4, proteini 8

Ukusna zdjela sushija

To je ukusan recept pun odličnih sastojaka!

Vrijeme pripreme: 10 minuta
Vrijeme kuhanja: 7 minuta
Porcije: 4

Sastojci:
- 1 odrezak ahi tune
- 2 žlice kokosovog ulja
- 1 glavica karfiola, odvojeni cvjetovi
- 2 žlice zelenog luka, nasjeckanog
- 1 avokado, bez koštice, oguljen i nasjeckan
- 1 krastavac, nariban
- 1 list nori, poderan
- Neki klinčići niču

Za preljev za salatu:
- 1 žlica sezamovog ulja
- 2 žlice kokosovih aminokiselina
- 1 žlica jabučnog octa
- Prstohvat soli
- 1 žličica stevije

Upute:
1. Cvjetiće cvjetače stavite u procesor hrane i miksajte dok ne dobijete "rižu" od cvjetače.
2. U šerpu stavite malo vode, unutra stavite košaricu za kuhanje na pari, dodajte rižu cvjetaču, prokuhajte na srednjoj vatri, poklopite, kuhajte nekoliko minuta, ocijedite i prebacite "rižu" u zdjelu.
3. Zagrijte tavu s kokosovim uljem na srednje jakoj vatri, dodajte tunjevinu, pecite 1 minutu sa svake strane i prebacite na tanjur.
4. Podijelite rižu od cvjetače u zdjelice, ukrasite komadićima norija, klinčićima, krastavcem, zelenim lukom i avokadom.
5. U posudi pomiješajte sezamovo ulje s octom, kokosovim aminokislinama, solju i stevijom te dobro umutite.
6. Prelijte ga rižom od cvjetače i miješanim povrćem, pospite komadićima tune i poslužite.

Zabavi se!

Prehrana: kalorija 300, masti 12, vlakna 6, ugljikohidrati 6, proteini 15

Ukusna sabljarka na žaru

Ne morate biti vrsni kuhar da biste pripremili ovaj ukusni keto obrok!

Vrijeme pripreme: 3 sata i 10 minuta
Vrijeme kuhanja: 10 minuta
Porcije: 4

Sastojci:

- 1 žlica nasjeckanog peršina
- 1 limun, izrezan na kriške
- 4 odreska sabljarke
- 3 češnja češnjaka, nasjeckana
- 1/3 šalice pileće juhe
- 3 žlice maslinovog ulja
- ¼ šalice soka od limuna
- Sol i crni papar po ukusu
- ½ žličice sušenog ružmarina
- ½ žličice sušene kadulje
- ½ žličice sušenog mažurana

Upute:

1. U zdjeli pomiješajte pileću juhu s češnjakom, limunovim sokom, maslinovim uljem, solju, paprom, kaduljom, mažuranom i ružmarinom i dobro istucite.
2. Dodajte odreske sabljarke, promiješajte i stavite u hladnjak na 3 sata.
3. Marinirane riblje odreske stavite na prethodno zagrijani roštilj na srednje jaku temperaturu i pecite 5 minuta sa svake strane.
4. Rasporedite na tanjure, pospite peršinom i poslužite s kriškama limuna.

Zabavi se!

Prehrana: kalorija 136, masti 5, vlakna 0, ugljikohidrati 1, proteini 20

Ketogeni recepti za perad

Ukusni pileći nuggets

Ovo je savršeno za prijateljski obrok!

Vrijeme pripreme: 10 minuta
Vrijeme kuhanja: 15 minuta
Porcije: 2

Sastojci:
- ½ šalice kokosovog brašna
- 1 jaje
- 2 žlice češnjaka u prahu
- 2 pileća prsa, narezana na kockice
- Sol i crni papar po ukusu
- ½ šalice gheeja

Upute:
1. U zdjeli pomiješajte češnjak u prahu s kokosovim brašnom, solju i paprom te promiješajte.
2. U drugoj posudi dobro umutiti jaje.
3. Kockice pilećih prsa umočite u smjesu od jaja pa u brašno.
4. Zagrijte tavu s gheejem na srednjoj vatri, dodajte komade piletine i pržite 5 minuta sa svake strane.

5. Prebacite na upijajući papir, skinite masnoću i poslužite s ukusnim kečapom sa strane.

Zabavi se!

Prehrana: kalorija 60, masti 3, vlakna 0,2, ugljikohidrati 3, proteini 4

Pileća krilca i ukusni chutney od mente

Tako je svježe i ukusno!

Vrijeme pripreme: 20 minuta
Vrijeme kuhanja: 25 minuta
Porcije: 6

Sastojci:

- 18 pilećih krilaca, prerezanih na pola
- 1 žlica kurkume
- 1 žlica kima, mljevenog
- 1 žlica đumbira, naribanog
- 1 žlica korijandra, mljevenog
- 1 žlica paprike
- Prstohvat kajenskog papra
- Sol i crni papar po ukusu
- 2 žlice maslinovog ulja

Za ajvar:

- Sok od ½ limete
- 1 šalica listova mente
- 1 komad đumbira, nasjeckanog
- ¾ šalice cilantra

- 1 žlica maslinovog ulja
- 1 žlica vode
- Sol i crni papar po ukusu
- 1 serrano paprika

Upute:

1. U posudi pomiješajte 1 žlicu đumbira s kimom, korijanderom, paprikom, kurkumom, soli, paprom, kajenskim paprom i 2 žlice ulja te dobro promiješajte.
2. Dodajte komade pilećih krilaca u ovu smjesu, promiješajte da se dobro obliže i ostavite u hladnjaku 20 minuta.
3. Zagrijte roštilj na jakoj vatri, dodajte marinirana krilca, kuhajte 25 minuta uz povremeno okretanje i prebacite u zdjelu.
4. U blenderu pomiješajte mentu s korijanderom, 1 komadićem đumbira, sokom od ½ limete, 1 žlicom maslinovog ulja, soli, paprom, vodom i serrano paprom te dobro izmiksajte.
5. Uz ovaj umak poslužite pileća krilca sa strane.

Zabavi se!

Prehrana: kalorija 100, masti 5, vlakna 1, ugljikohidrati 1, proteini 9

Pileće mesne okruglice

Požurite i napravite ove izvrsne mesne okruglice već danas!

Vrijeme pripreme: 10 minuta
Vrijeme kuhanja: 15 minuta
Porcije: 3

Sastojci:

- 1 funta piletine, mljevene
- Sol i crni papar po ukusu
- 2 žlice ranch dressinga
- ½ šalice bademovog brašna
- ¼ šalice sira cheddar, nasjeckanog
- 1 žlica suhog ranch dressinga
- ¼ šalice ljutog umaka + još malo za posluživanje
- 1 jaje

Upute:

1. U zdjeli pomiješajte piletinu sa soli, paprom, začinima za ranch, brašnom, suhim preljevom za ranch, cheddar sirom, ljutim umakom i jajetom te dobro promiješajte.
2. Oblikujte 9 mesnih okruglica, stavite ih na obložen lim za pečenje i pecite na 500 stupnjeva F 15 minuta.

3. Sa strane poslužite pileće polpete s pikantnim umakom. Zabavi se!

Prehrana: kalorija 156, masti 11, vlakna 1, ugljikohidrati 2, proteini 12

Ukusna pileća krilca na žaru

Bit ćete spremni za tren oka i bit će ukusni!

Vrijeme pripreme: 2 sata i 10 minuta
Vrijeme kuhanja: 15 minuta
Porcije: 5

Sastojci:

- krilca od 2 kg
- Sok od 1 limete
- 1 šaka nasjeckanog korijandera
- 2 češnja češnjaka, mljevena
- 1 jalapeño papričica, nasjeckana
- 3 žlice kokosovog ulja
- Sol i crni papar po ukusu
- Limeta za posluživanje
- Ranch preljev za posluživanje

Upute:

1. U zdjeli pomiješajte sok limete s cilantrom, češnjakom, jalapeñom, kokosovim uljem, soli i paprom i dobro promiješajte.

2. Dodajte pileća krilca, promiješajte i ostavite u hladnjaku 2 sata.
3. Pileća krilca stavite na prethodno zagrijani roštilj na srednje jakoj temperaturi i pecite ih 7 minuta sa svake strane.
4. Poslužite ova nevjerojatna pileća krilca s rančem i kriškama limete sa strane.

Zabavi se!

Prehrana:kalorija 132, masti 5, vlakna 1, ugljikohidrati 4, proteini 12

Lako pečena piletina

To je super jednostavan recept za keto piletinu!

Vrijeme pripreme: 10 minuta
Vrijeme kuhanja: 20 minuta
Porcije: 4

Sastojci:

- 4 trake slanine
- 4 pileća prsa
- 3 zelena luka, nasjeckana
- 4 unce ranč preljeva
- 1 unca kokosovih aminokiselina
- 2 žlice kokosovog ulja
- 4 unce sira cheddar, nasjeckanog

Upute:

1. Zagrijte tavu s uljem na jakoj vatri, dodajte pileća prsa, kuhajte 7 minuta, okrenite i kuhajte još 7 minuta.
2. U međuvremenu zagrijte drugu tavu na srednje jakoj vatri, dodajte slaninu, pržite dok ne postane hrskava, prebacite na papirnate ubruse, ocijedite masnoću i izmrvite.

3. Pileća prsa stavite u posudu za pečenje, na vrh dodajte kokosove aminokiseline, naribanu slaninu, sir i mladi luk, stavite u pećnicu, stavite na roštilj i pecite na visokoj temperaturi još 5 minuta.
4. Podijelite na tanjure i poslužite vruće.

Zabavi se!

Prehrana: kalorija 450, masti 24, vlakna 0, ugljikohidrati 3, proteini 60

Posebna talijanska piletina

Ovo je talijanski keto obrok koji jako cijenimo!

Vrijeme pripreme: 10 minuta
Vrijeme kuhanja: 20 minuta
Porcije: 4

Sastojci:

- ¼ šalice maslinovog ulja
- 1 glavica crvenog luka nasjeckana
- 4 pileća prsa bez kože i kostiju
- 4 češnja češnjaka, nasjeckana
- Sol i crni papar po ukusu
- ½ šalice očišćenih i nasjeckanih talijanskih maslina
- 4 fileta inćuna nasjeckana
- 1 žlica nasjeckanih kapara
- 1 funta rajčice, nasjeckane
- ½ žličice pahuljica crvene čili papričice

Upute:

1. Piletinu posolite, popaprite i premažite s pola ulja.
2. Stavite u posudu koju ste zagrijali na jakoj vatri, kuhajte 2 minute, okrenite i kuhajte još 2 minute.

3. Stavite pileća prsa u pećnicu zagrijanu na 450 stupnjeva F i pecite 8 minuta.
4. Izvadite piletinu iz pećnice i podijelite je na tanjure.
5. Zagrijte istu tavu s ostatkom ulja na srednjoj vatri, dodajte kapare, luk, češnjak, masline, inćune, čili papričice i kapare, promiješajte i kuhajte 1 minutu.
6. Posolite, popaprite i dodajte rajčice, promiješajte i kuhajte još 2 minute.
7. Prelijte ga preko pilećih prsa i poslužite.

Zabavi se!

Prehrana:kalorija 400, masti 20, vlakna 1, ugljikohidrati 2, proteini 7

Lagana piletina s limunom

Uskoro ćete vidjeti koliko je jednostavan ovaj keto recept!

Vrijeme pripreme: 10 minuta
Vrijeme kuhanja: 45 minuta
Porcije: 6

Sastojci:

- 1 cijelo pile, izrezano na srednje komade
- Sol i crni papar po ukusu
- Sok od 2 limuna
- Korica od 2 limuna
- Limunova korica od 2 limuna

Upute:

1. Komade piletine posložite u lim za pečenje, začinite solju i paprom po ukusu i poprskajte limunovim sokom.
2. Dobro promiješajte, dodajte limunovu koricu i koricu limuna, stavite u pećnicu na 375 stupnjeva F i pecite 45 minuta.
3. Uklonite koricu limuna, podijelite piletinu na tanjure, pokapajte umakom iz tave i poslužite.

Zabavi se!

Prehrana: kalorije 334, masti 24, vlakna 2, ugljikohidrati 4,5, proteini 27

Pečena piletina i umak od paprike

Jako je zdravo i bit će odlična ideja za večeru!

Vrijeme pripreme: 10 minuta
Vrijeme kuhanja: 20 minuta
Porcije: 5

Sastojci:

- 1 žlica kokosovog ulja
- 3 i po kg pilećih prsa
- 1 šalica pileće juhe
- 1 ¼ šalice žutog luka, nasjeckanog
- 1 žlica soka od limete
- ¼ šalice kokosovog mlijeka
- 2 žličice paprike
- 1 žličica pahuljica crvene paprike
- 2 žlice zelenog luka, nasjeckanog
- Sol i crni papar po ukusu

Upute:

1. Zagrijte tavu s uljem na srednje jakoj temperaturi, dodajte piletinu, pecite je 2 minute sa svake strane, prebacite je na tanjur i ostavite sa strane.

2. Smanjite vatru na srednju, dodajte luk u tavu i kuhajte 4 minute.
3. Dodajte juhu, kokosovo mlijeko, pahuljice čilija, papriku, sok limete, sol i papar i dobro promiješajte.
4. Vratite piletinu u tavu, posolite i popaprite, poklopite posudu i kuhajte 15 minuta.
5. Podijelite na tanjure i poslužite.

Zabavi se!

Prehrana: kalorija 140, masti 4, vlakna 3, ugljikohidrati 3, proteini 6

Fantastičan fajitas s piletinom

Žudite za ukusnom meksičkom hranom? Onda isprobajte ovu sljedeću ideju!

Vrijeme pripreme: 10 minuta
Vrijeme kuhanja: 15 minuta
Porcije: 4

Sastojci:

- 2 kilograma pilećih prsa, bez kože, bez kostiju i narezanih na trakice
- 1 žličica češnjaka u prahu
- 1 žličica čilija u prahu
- 2 žličice kumina
- 2 žlice soka od limete
- Sol i crni papar po ukusu
- 1 žličica slatke paprike
- 2 žlice kokosovog ulja
- 1 žličica korijandera, mljevenog
- 1 zelena paprika, narezana na ploške
- 1 crvena paprika, narezana na ploške
- 1 žuti luk, narezan na ploške

- 1 žlica korijandera, nasjeckanog
- 1 avokado, bez koštice, oguljen i narezan na ploške
- 2 limete, izrezane na kriške

Upute:
1. U zdjeli pomiješajte sok limete s čilijem u prahu, kuminom, soli, paprom, češnjakom u prahu, paprikom i korijanderom te promiješajte.
2. Dodajte komade piletine i promiješajte da se dobro obliže.
3. Zagrijte tavu s pola ulja na srednje jakoj vatri, dodajte piletinu, pržite 3 minute sa svake strane i prebacite u zdjelu.
4. Zagrijte tavu s ostatkom ulja na srednje jakoj vatri, dodajte luk i sve paprike, promiješajte i kuhajte 6 minuta.
5. Vratite piletinu u tavu, još posolite i popaprite, promiješajte i podijelite na tanjure.
6. Povrh stavite avokado, kriške limete i cilantro i poslužite.

Zabavi se!

Prehrana: kalorija 240, masti 10, vlakna 2, ugljikohidrati 5, proteini 20

Pan piletina i gljive

Kombinacija je apsolutno ukusna! Jamčimo!

Vrijeme pripreme: 10 minuta
Vrijeme kuhanja: 30 minuta
Porcije: 4

Sastojci:

- 4 pileća batka
- 2 šalice gljiva, narezanih na ploške
- ¼ šalice gheeja
- Sol i crni papar po ukusu
- ½ žličice luka u prahu
- ½ žličice češnjaka u prahu
- ½ šalice vode
- 1 žličica Dijon senfa
- 1 žlica nasjeckanog estragona

Upute:

1. Zagrijte tavu s pola gheeja na srednje jako, dodajte pileće batake, začinite solju, paprom, češnjakom u prahu i lukom u prahu, pržite 3 minute sa svake strane i prebacite u zdjelu.

2. Zagrijte istu tavu s ostatkom gheeja na srednje jakoj vatri, dodajte gljive, promiješajte i kuhajte 5 minuta.
3. Dodajte senf i vodu i dobro promiješajte.
4. Vratite komade piletine u tavu, promiješajte, poklopite i kuhajte 15 minuta.
5. Dodajte estragon, promiješajte, kuhajte 5 minuta, rasporedite po tanjurima i poslužite.

Zabavi se!

Prehrana: kalorije 453, masti 32, vlakna 6, ugljikohidrati 1, proteini 36

Tapenada s piletinom i maslinama

Ovaj keto obrok će se svidjeti svima!

Vrijeme pripreme: 10 minuta
Vrijeme kuhanja: 10 minuta
Porcije: 2

Sastojci:
- 1 pileća prsa isječena na 4 dijela
- 2 žlice kokosovog ulja
- 3 češnja češnjaka, zgnječena
- ½ šalice tapenade od maslina

Za tapenadu:
- 1 šalica crnih maslina bez koštica
- Sol i crni papar po ukusu
- 2 žlice maslinovog ulja
- ¼ šalice nasjeckanog peršina
- 1 žlica soka od limuna

Upute:
1. Masline u sjeckalici pomiješajte sa soli, paprom, 2 žlice maslinova ulja, limunovim sokom i peršinom, dobro promiješajte i prebacite u zdjelu.

2. Zagrijte tavu s kokosovim uljem na srednje jakoj vatri, dodajte češnjak, promiješajte i kuhajte 2 minute.
3. Dodajte komade piletine i pržite ih 4 minute sa svake strane.
4. Podijelite piletinu na tanjure i na vrh rasporedite tapenadu s maslinama.

Zabavi se!

Prehrana:kalorija 130, masti 12, vlakna 0, ugljikohidrati 3, proteini 20

Ukusna pačja prsa

Ekstravagantno jelo, ali vrijedi ga probati!

Vrijeme pripreme: 10 minuta
Vrijeme kuhanja: 20 minuta
Porcije: 1

Sastojci:

- 1 srednja pačja prsa s urezom na koži
- Uključite 1 žlicu
- 1 žlica vrhnja
- 2 žlice pročišćenog maslaca
- ½ žličice ekstrakta naranče
- Sol i crni papar po ukusu
- 1 šalica mladog špinata
- ¼ žličice kadulje

Upute:

1. Zagrijte tavu s gheejem na srednjoj vatri.
2. Kad se otopi, ulijte ga i miješajte dok pročišćeni maslac ne postane zlatne boje.
3. Dodajte ekstrakt naranče i kadulje, promiješajte i kuhajte još 2 minute.

4. Dodajte vrhnje i ponovno izmiksajte.
5. U međuvremenu zagrijte drugu tavu na srednje jakoj vatri, dodajte pačja prsa, s kožom prema dolje, kuhajte 4 minute, okrenite i kuhajte još 3 minute.
6. Pačja prsa prelijte umakom od naranče, promiješajte i kuhajte još nekoliko minuta.
7. U tavu u kojoj ste pripremili umak dodajte špinat, promiješajte i kuhajte 1 minutu.
8. Skinite patku s vatre, narežite pačja prsa i stavite na tanjur.
9. Pospite umakom od naranče i poslužite sa špinatom sa strane.

Zabavi se!

Prehrana: kalorija 567, masti 56, vlakna 0, ugljikohidrati 0, proteini 35

Pačja prsa s ukusnim povrćem

Ako ste danas jako gladni, trebali biste isprobati ovaj recept!

Vrijeme pripreme: 10 minuta
Vrijeme kuhanja: 10 minuta
Porcije: 2

Sastojci:

- 2 pačja prsa ogulite i narežite na tanke ploške
- 2 tikvice, narezane na ploške
- 1 žlica kokosovog ulja
- 1 vezica mladog luka, nasjeckanog
- 1 daikon, nasjeckan
- 2 zelene paprike, nasjeckane
- Sol i crni papar po ukusu

Upute:

1. Zagrijte tavu s uljem na srednje jaku temperaturu, dodajte mladi luk, promiješajte i pržite 2 minute.
2. Dodajte tikvice, daikon, papriku, sol i papar, promiješajte i kuhajte još 10 minuta.

3. Zagrijte drugu tavu na srednje jakoj vatri, dodajte ploške patke, pržite 3 minute sa svake strane i prebacite u tavu s povrćem.
4. Sve prokuhajte još 3 minute, podijelite na tanjure i poslužite.

Zabavi se!

Prehrana: kalorija 450, masti 23, vlakna 3, ugljikohidrati 8, proteini 50

Ukusno tajlandsko meso

Brzo će postati vaša omiljena keto hrana!

Vrijeme pripreme: 10 minuta
Vrijeme kuhanja: 10 minuta
Porcije: 6

Sastojci:

- 1 šalica goveđe juhe
- 4 žlice maslaca od kikirikija
- ¼ žličice češnjaka u prahu
- ¼ žličice luka u prahu
- 1 žlica kokosovih aminokiselina
- 1 ½ žličice limunskog papra
- 1 funta goveđeg odreska, narezanog na trakice
- Sol i crni papar po ukusu
- 1 zelena paprika, nasjeckana
- 3 zelena luka, nasjeckana

Upute:

1. Pomiješajte maslac od kikirikija s juhom, aminokiselinama i limunskom paprikom u zdjeli, dobro promiješajte i ostavite sa strane.

2. Zagrijte tavu na srednje jakoj vatri, dodajte govedinu, začinite solju, paprom, lukom i češnjakom u prahu i kuhajte 7 minuta.
3. Dodajte zelenu papriku, promiješajte i kuhajte još 3 minute.
4. Dodajte prethodno pripremljeni umak od kikirikija i mladi luk, promiješajte, kuhajte još minutu, rasporedite po tanjurima i poslužite.

Zabavi se!

Prehrana: kalorija 224, masti 15, vlakna 1, ugljikohidrati 3, proteini 19

Najbolje mesne okruglice od junetine

Ovo će biti jedan od najboljih keto obroka koje ste ikada probali!

Vrijeme pripreme: 10 minuta
Vrijeme kuhanja: 35 minuta
Porcije: 6

Sastojci:

- ½ šalice krušnih mrvica
- 1 jaje
- Sol i crni papar po ukusu
- 1 i po kg mljevenog mesa
- 10 unci konzervirane juhe od luka
- 1 žlica kokosovog brašna
- ¼ šalice kečapa
- 3 žličice Worcestershire umaka
- ½ žličice senfa u prahu
- ¼ šalice vode

Upute:

1. U zdjeli pomiješajte 1/3 šalice juhe od luka s govedinom, soli, paprom, jajetom i krušnim mrvicama i dobro promiješajte.

2. Zagrijte tavu na srednje jakoj vatri, od goveđe smjese oblikujte 6 pljeskavica, stavite ih u tavu i pecite s obje strane.
3. Za to vrijeme u zdjeli pomiješajte ostatak juhe s kokosovim brašnom, vodom, senfom u prahu, Worcestershire umakom i kečapom te dobro promiješajte.
4. Prelijte to preko goveđih okruglica, poklopite posudu i kuhajte 20 minuta uz povremeno miješanje.
5. Podijelite na tanjure i poslužite.

Zabavi se!

Prehrana: kalorija 332, masti 18, vlakna 1, ugljikohidrati 7, proteini 25

Nevjerojatna pečena govedina

Tako je sočan i ukusan!

Vrijeme pripreme: 10 minuta
Vrijeme za kuhanje: 1 sat i 15 minuta
Porcije: 4

Sastojci:

- 3 i pol kile rostbifa
- 4 unce gljiva, narezanih
- 12 unci goveđe juhe
- Mješavina juhe od luka od 1 unce
- ½ šalice talijanskog začina

Upute:

1. U zdjeli pomiješajte juhu s mješavinom juhe od luka i talijanskim začinima i promiješajte.
2. Pečenu pečenku stavite u lim za pečenje, dodajte gljive i juhu, prekrijte prozirnom folijom, pecite na 180°C i pecite 1 sat i 15 minuta.
3. Pečene ostavite da se malo ohlade, narežite i poslužite s umakom na vrhu.

Zabavi se!

Prehrana: kalorija 700, masti 56, vlakna 2, ugljikohidrati 10, proteini 70

Šalice od goveđih tikvica

Izgleda tako dobro i ima nevjerojatan okus!

Vrijeme pripreme: 10 minuta
Vrijeme kuhanja: 35 minuta
Porcije: 4

Sastojci:

- 2 češnja češnjaka, mljevena
- 1 žličica kima, mljevenog
- 1 žlica kokosovog ulja
- 1 funta mljevene govedine
- ½ šalice crvenog luka, nasjeckanog
- 1 žličica dimljene paprike
- Sol i crni papar po ukusu
- 3 tikvice prerezati po dužini na pola i izdubiti unutra
- ¼ šalice cilantra, nasjeckanog
- ½ šalice cheddar sira, nasjeckanog
- 1 ½ šalice keto enchilada umaka
- Malo narezanog avokada za posluživanje
- Malo mladog luka, narezanog na ploške za posluživanje
- Nekoliko narezanih rajčica za posluživanje

Upute:
1. Zagrijte ulje u tavi na srednje jakoj vatri, dodajte crveni luk, promiješajte i kuhajte 2 minute.
2. Dodajte govedinu, promiješajte i kuhajte nekoliko minuta.
3. Dodajte papriku, sol, papar, kumin i češnjak, promiješajte i kuhajte 2 minute.
4. Polovice tikvica stavite u posudu za pečenje, svaku napunite govedinom, prelijte enchilada umakom odozgo i pospite cheddar sirom.
5. Pecite pokriveno u pećnici zagrijanoj na 350 stupnjeva F 20 minuta.
6. Otklopite posudu, pospite korijanderom i kuhajte još 5 minuta.
7. Pospite avokado, luk i rajčice, podijelite na tanjure i poslužite.

Zabavi se!

Prehrana: kalorija 222, masti 10, vlakna 2, ugljikohidrati 8, proteini 21

Tepsija od goveđih okruglica

Tako je poseban i naravno 100% keto!

Vrijeme pripreme: 10 minuta
Vrijeme kuhanja: 50 minuta
Porcije: 8

Sastojci:
- 1/3 šalice bademovog brašna
- 2 jaja
- 1 funta goveđe kobasice, nasjeckane
- 1 funta mljevene govedine
- Sol i crni papar po ukusu
- 1 žlica suhog peršina
- ¼ žličice pahuljica crvene paprike
- ¼ šalice ribanog parmezana
- ¼ žličice luka u prahu
- ½ žličice češnjaka u prahu
- ¼ žličice sušenog origana
- 1 šalica svježeg sira
- 2 šalice keto marinara umaka
- 1 ½ šalice mozzarelle, naribane

Upute:
1. U zdjeli pomiješajte kobasicu s govedinom, soli, paprom, bademovim brašnom, peršinom, listićima crvene paprike, lukom u prahu, češnjakom u prahu, origanom, parmezanom i jajima te dobro promiješajte.
2. Oblikujte polpete, stavite ih u obloženu tepsiju, stavite u pećnicu na 180°C i pecite 15 minuta.
3. Izvadite mesne okruglice iz pećnice, stavite ih u posudu za pečenje i prelijte polovicom marinara umaka.
4. Posvuda dodajte ricottu, pa prelijte ostatkom marinara umaka.
5. Sve pospite mozzarellom, stavite posudu u pećnicu zagrijanu na 375 stupnjeva F i pecite 30 minuta.
6. Pustite da se tepsija s mesnim okruglicama malo ohladi prije rezanja i posluživanja.

Zabavi se!

Prehrana: kalorija 456, masti 35, vlakna 3, ugljikohidrati 4, proteini 32

Bundeva punjena junetinom i rajčicom

Uvijek je sjajno otkrivati nove i zanimljive namirnice! Ovo je jedan od njih!

Vrijeme pripreme: 10 minuta
Vrijeme kuhanja: 1 sat
Porcije: 2

Sastojci:

- 2 kg špageta, izbockanih vilicom
- Sol i crni papar po ukusu
- 3 češnja češnjaka, nasjeckana
- 1 žuti luk nasjeckan
- 1 Portobello gljiva, narezana na ploške
- 28 unci konzerviranih rajčica, nasjeckanih
- 1 žličica sušenog origana
- ¼ žličice kajenskog papra
- ½ žličice suhe majčine dušice
- 1 funta mljevene govedine
- 1 zelena paprika, nasjeckana

Upute:

1. Stavite špagete squash na lim za pečenje, stavite u pećnicu zagrijanu na 400 stupnjeva F i pecite 40 minuta.
2. Prerežite ga na pola, ostavite da se ohladi, izvadite sjemenke i ostavite sa strane.
3. Zagrijte tavu na srednje jakoj vatri, dodajte meso, češnjak, luk i gljive, miješajte i kuhajte dok meso ne porumeni.
4. Dodajte sol, papar, timijan, origano, cayenne, rajčice i zelenu papriku, promiješajte i kuhajte 10 minuta.
5. Napunite polovice tikvica ovom goveđom smjesom, stavite u pećnicu zagrijanu na 400 stupnjeva F i pecite 10 minuta.
6. Podijelite na 2 tanjura i poslužite.

Zabavi se!

Prehrana: kalorija 260, masti 7, vlakna 2, ugljikohidrati 4, proteini 10

Ukusan goveđi čili

Ovaj goveđi čili je doista nevjerojatan! Stvarno ga morate uskoro isprobati!

Vrijeme pripreme: 10 minuta
Vrijeme kuhanja: 8 sati
Porcije: 4

Sastojci:
- 1 glavica crvenog luka nasjeckana
- 2 1/2 funte mljevene junetine
- 15 unci konzerviranih rajčica i zelenih čilija, nasjeckanih
- 6 unci paste od rajčice
- ½ šalice ukiseljenih jalapenosa, nasjeckanih
- 4 žlice češnjaka, mljevenog
- 3 rebra celera, nasjeckana
- 2 žlice kokosovih aminokiselina
- 4 žlice čilija u prahu
- Sol i crni papar po ukusu
- Prstohvat kajenskog papra
- 2 žlice kima, mljevenog

- 1 žličica luka u prahu
- 1 žličica češnjaka u prahu
- 1 list lovora
- 1 žličica sušenog origana

Upute:

1. Zagrijte tavu na srednje jakoj vatri, dodajte pola luka, junetinu, pola češnjaka, sol i papar, miješajte i kuhajte dok junetina ne porumeni.
2. Prebacite u sporo kuhalo, dodajte ostatak luka i češnjaka, kao i jalapenos, celer, rajčice i čili, pastu od rajčice, konzervirane rajčice, kokosove aminokiseline, čili u prahu, sol, papar, kumin, češnjak u prahu, luk u prahu , origana i lovora, pomiješajte, poklopite i kuhajte na laganoj vatri 8 sati.
3. Podijelite u zdjelice i poslužite.

Zabavi se!

Prehrana: kalorija 137, masti 6, vlakna 2, ugljikohidrati 5, proteini 17

www.ingramcontent.com/pod-product-compliance
Lightning Source LLC
Chambersburg PA
CBHW050200130526
44591CB00034B/1425